赫尔巴特

(Johann Friedrich Herbart，1776—1841)

◆ 本书是西方“科学教育学的奠基人”赫尔巴特的经典著作之一，是作者另一代表作《普通教育学》的补充与具体化。内容主要包括三编：论教育学的基础、普通教育学纲要、论教育学的特殊分支。在本书中，赫尔巴特把实现教育目的的手段分为三种，即管理、教育性教学和训育。管理的目的在于对儿童进行外部的领导，维持教学与教育的秩序，为实施教学与教育创造条件。教育性教学的条件是注意与统觉，即在教学中必须引起学生的注意和兴趣，同时必须让学生在原有观念的基础上掌握新的观念。训育是一种持续的诱导工作，它通过交际、榜样、启发使学生直接得到积极的发展。

外国教育名著丛书

教育学讲授纲要

JIAOYUXUE JIANGSHOU GANGYAO

[德] 赫尔巴特 著
李其龙 译

人民教育出版社
·北京·

图书在版编目（CIP）数据

教育学讲授纲要 /（德）赫尔巴特著；李其龙译. 一北京：人民教育出版社，
2015.1（2019.12重印）
（外国教育名著丛书）
ISBN 978-7-107-28602-5

Ⅰ. ①教… Ⅱ. ①赫… ②李… Ⅲ. ①教育学 Ⅳ. ①G40

中国版本图书馆CIP数据核字（2014）第302618号

外国教育名著丛书 教育学讲授纲要

出版发行 人民教育出版社
（北京市海淀区中关村南大街17号院1号楼 邮编：100081）
网 址 http://www.pep.com.cn
经 销 全国新华书店
印 刷 保定市中画美凯印刷有限公司
版 次 2015年1月第1版
印 次 2019年12月第3次印刷
开 本 890毫米×1 240毫米 1/32
印 张 6.75
插 页 1
字 数 174千字
印 数 5 001~7 000册
定 价 18.70元

《外国教育名著丛书》再版说明

在人类数千年的教育史上产生过无数鸿篇巨制，尤其是近现代以来，许多教育家、思想家、理论家和实践家，通过对人类教育所进行的长期艰辛的探索和严密的思考、审慎的研究，撰写了不少对人类教育发展产生了巨大而深远影响的伟大著作。即使人类历史进入了 21 世纪，这些著作仍然保持着强盛的生命力。

本着“服务教育、繁荣学术、积累文化”的宗旨，在原社长兼总编辑叶立群倡导下，人民教育出版社组织专家学者从这些著作中精选了对世界和中国教育产生过并将继续产生重大影响的作品，汇编成《外国教育名著丛书》。这套丛书共 38 种 44 本，自 1984 年陆续出版以来，受到教育界、学术界的热烈欢迎和普遍好评，一经问世即已售罄。为满足读者尤其是高等院校教育专业师生教学与研究的迫切需要，我社 2001 年曾从这套丛书中选择了部分书目进行重印，以解燃眉之急。现在，我社决定全面再版这套丛书，在文字和技术上进一步做了编辑工作。热忱希望广大读者对这套丛书的编辑出版工作提出宝贵意见，以使之更臻完善。

人民教育出版社

2004 年 2 月

《外国教育名著丛书》出版说明

为了发展我国社会主义教育事业，建立具有中国特色的社会主义教育体系，不仅需要研究我国教育的历史和现状，总结我国教育的经验，而且需要研究外国教育的历史和现状，借鉴外国教育的经验。为了给我国教育工作者提供研究外国教育思想的理论著作，并给师范院校提供教学参考书，我社决定出版这套丛书。

这套丛书选收古代、近代、现代对世界、对中国有较大影响的外国教育家、心理学家的有代表性的教育理论著作，包括整本专著、文章汇编或者著作节选。

毋庸置疑，本丛书所收选的书既闪耀着人类教育智慧的光辉，又由于作者所处时代、阶级的限制不可避免地存在着糟粕；有的虽非糟粕，但由于地区条件的不同，也可能并不适合于我国。因此，我们在阅读时一定要以马克思列宁主义、毛泽东思想作武器，对书中的内容进行分析，批判地吸收其中有益的东西，而不要照搬照抄。

为了帮助读者阅读和理解书的内容，我们请译者或有关专家为每一本书撰写了前言，有的书还附有年表、图片或其他参考资料。当然，前言只是一家之言，而不是对某书的定评；读者完全可以对这本书进行更加广泛更加深入的研究。

由于我们水平有限，经验不足，本丛书定有不少缺点和错误，欢迎读者批评指正，以便我们改进工作。

人民教育出版社

1984年

前言

约翰·弗里德里希·赫尔巴特（Johann Friedrich Herbart，1776—1841）是德国著名的教育家、心理学家和哲学家。从19世纪中叶以来，几乎没有一个教育家像他那样对学校教育实践有如此直接、如此广泛、如此巨大、如此久远的影响。在西方教育史上，他被誉为“科学教育学的奠基人”；他的教育理论代表作《普通教育学》被视为教育史上第一部具有科学体系的教育学著作。德国杰出的教育史家鲍尔生写道：“在很长的时期里，人们便把‘赫尔巴特理论’和‘科学教育理论’作为同义词。”①

一、生活与实践

赫尔巴特在1776年5月4日生于德国奥尔登堡一个司法官家庭。其母亲是个有教养的人，聪慧而意志坚强。赫尔巴特从小在她的熏陶下成长。因赫尔巴特幼年时不幸跌入沸水中，童年时期身体一直很弱，所以母亲为他请了家庭教师，让他在家学习。这位家庭教师是沃尔夫学派的哲学家于尔岑（Ültzen），有比较丰富的教育经验。在他的教育下，赫尔巴特在语言、逻辑、哲学等方面得益匪浅。这时他已对哲学萌发了浓厚的兴趣，并接触到了许多关于沃尔夫哲学、心理学和伦理学方面的问题。

---

①［德］弗·鲍尔生著，滕大春、滕大生译：《德国教育史》，人民教育出版社1986年版，第165页。

1788年，12岁的赫尔巴特进入奥尔登堡拉丁语学校二年级学习（该校于1792年改为文科中学），并于1794年从该校毕业。在这期间赫尔巴特已开始钻研康德哲学思想了。他的兴趣是多方面的，在学校他爱好哲学、物理、数学和历史，在课余他学习了钢琴、小提琴等四种乐器的演奏与谱曲。11岁时他已能登台演奏钢琴，在1808年还发表了他创作的一首奏鸣曲。他不但聪明，而且勤奋好学，意志顽强。17岁时，他曾为毕业班同学作了题为“略论一个国家中道德兴衰的一般原因”的报告。从报告中可以看出他所受法国革命的影响。这一报告受到了好评，并被刊登在当地一家杂志上。在他毕业时，他用拉丁语作了讲演，对西塞罗与康德的至善观念与实践哲学原理作了分析比较，深受赞许。学校对他的毕业评语写道：“在毕业生中，如同在他所有的同学中那样，赫尔巴特始终以守秩序、有良好的操行、学习用功和顽强著称，并且努力通过孜孜不倦的勤奋学习使自己出色的天赋得到了发挥与训练。”①

根据他父亲的意见，赫尔巴特于1794年进了耶拿大学学习法学。耶拿大学是当时德国的哲学中心。他入学的那年，正巧费希特开始在耶拿大学任哲学教授。赫尔巴特被哲学深深吸引，不久就成了费希特热诚的学生，他对费希特的教学评价极高。然而，虽然他非常感激这位导师的教诲，认为没有费希特他将在哲学方面一事无成，但他已渐渐地成了费希特哲学的批判者，并与费希特的哲学分道扬镳，走上了自己独立的道路。

在耶拿，赫尔巴特加入了“自由协会”，该协会每隔两周聚会一次，由各会员发表文章与评论，开展讨论。议题常常是法国革命、康德和费希特哲学以及当代德国新诗，特别是席勒与歌德的诗作，有时候也探讨一些现实政治问题。赫尔巴特认为每个人应树立

① 转引自［德］G. 魏斯：《约翰·弗里德里希·赫尔巴特传略》，朗根萨尔察，1926年版，第10页。

公民意志，而公民意志主要表现在行动上。这种行动可以是政治活动，也可以是教育工作。他自己毫无疑问地选择了后者。

自赫尔巴特到耶拿后，其母亲因与丈夫感情不和而颇觉孤独寂寞，于是便移居耶拿与赫尔巴特住在一起。她在耶拿大学结识了不少教授，也结识了席勒，与他建立了友谊。她有意识地通过这种友好交往使赫尔巴特受到席勒的有益影响，并使他也同席勒建立了友谊。

赫尔巴特和康德、费希特、黑格尔一样都有当家庭教师的经历。按照母亲的意见，他到瑞士一个贵族家里当了三年家庭教师。赫尔巴特对施泰格尔家庭的教学条件相当满意。施泰格尔赏识赫尔巴特的才华，放心地将其三个孩子交给他管教。赫尔巴特不仅在这里得到了一个安静的工作环境，而且获得了进行教育实践的好机会。这种实践活动丰富了他的教育经验，对他以后教育理论的形成产生了很大影响。他开始对教育萌发越来越大的兴趣。在瑞士他拜访了当时已负盛名的教育家裴斯泰洛齐，旁听了裴斯泰洛齐的课，与他结下了忘年之交。这位53岁的教育家常常从布格多夫前往伯尔尼看望赫尔巴特，① 两人频繁交往，切磋教育问题。赫尔巴特后来成了第一个在德国用文字传播裴斯泰洛齐教育思想的人。他在1802年发表的《论裴斯泰洛齐的新作〈葛笃德怎样教育她的子女〉》一文，形象生动地、富有启发性地介绍了裴斯泰洛齐的教育思想。

赫尔巴特在瑞士的期间正好是欧洲发生政治大地震的年代。法国革命冲击着欧洲。这导致了瑞士贵族统治的崩溃与法国式的共和国的诞生。施泰格尔作为瑞士很有影响的贵族受到了很大的打击。赫尔巴特的工作一度受到影响。他表现出对当时的政治缺乏热情，希望在伯尔尼风景秀丽的平静环境中不受干扰地工作若干年，但政

① 德国研究赫尔巴特的专家阿施穆斯认为，有关裴斯泰洛齐常去伯尔尼看望赫尔巴特的说法，出自施泰格尔的日记，当时施泰格尔已74岁高龄，可能是把事情搞颠倒了，事实可能是赫尔巴特常去拜访裴斯泰洛齐。——译者注

治事件阻碍了他的愿望的实现。同时其父母要他回乡谋取一官半职，于是他于1800年辞去家庭教师工作，回到了奥尔登堡。

这时候，赫尔巴特内心充满着矛盾，他自己希望研究哲学，将来争取在大学里谋一个教席，而他母亲要他从事一种实际的职业。她深信哲学不会产生面包。正当他处在困苦之中的时候，友谊给他带来了安慰。他的朋友施密特——一位不来梅的议员——写信邀请他前往不来梅。在那里他得以继续研究哲学。他一面接受了邀请，为一位青年准备大学学习作辅导，担任一所教堂学校的数学教学工作，并给三位贵妇人上课；一面进行自己的研究与写作。他的思想渐趋成熟。他被邀请对文科中学改革提建议，在不来梅学术团体"博物馆"作教育学讲演。正是在那里他开始利用他在瑞士获得的宝贵经验，结合他的哲学研究，尝试从哲学的角度说明教育目的。他首次在当时声望很高的学术杂志《格廷根学术指南》上发表论文。

1802年赫尔巴特从不来梅移居格廷根，在那里既作为一些年轻人的教师，又作为学生听格廷根大学开设的法典和高等力学等课程。他与许多年轻人交往，并建立了一个新的"自由协会"。不久他通过了博士学位考试，稍后又获得了教授备选资格，开始了他的大学教学生涯。他作为讲师在格廷根大学讲授哲学与教育学。刚刚登上大学讲台的他必须加倍努力把课教好。而他的努力并没有付诸东流，他的讲演很快为人们所注意。三年之后他的影响越来越大。海德尔堡大学向他发出了担任该校正教授的邀请书。但他这时还迷恋着格廷根的学术环境，谢绝了这一邀请，宁肯接受格廷根大学对他担任副教授的聘请，继续留在格廷根进行教学和研究。

1806年他发表了著名的《普通教育学》，接着又发表了《形而上学概要》《逻辑概要》《一般实践哲学》等。1808年他在给他朋友的信中写到当时格廷根逐渐恶化的境况："现在一切是如此阴暗，因此我常常认真地考虑离开这个地方。”① 正在这时柯尼斯堡大学向他发出了接任该校康德哲学教席的邀请，于是他欣然接受，于1809年前往柯尼斯堡。他在给友人施密特的信中写道：“我能有此机会获得那个教席乃是意想不到的荣幸，我在少年时代学习柯尼斯堡哲人著作时已常常在充满景仰的梦中渴望这一教席了。”②

赫尔巴特在柯尼斯堡度过了四分之一世纪，这是他学术生涯的高峰。当时普鲁士战败于法国，并被迫与法国签订了屈辱的《梯尔西特和约》。普鲁士国王威廉三世立志进行教育改革，主张通过精神力量来补偿物质方面的损失。这一切也正符合赫尔巴特的愿望，他积极参与了改革活动。他创办了教学论研究所、教育研究所、师范研究班和附属实验学校，按照他的理论来培训教师，并使他们有实践的机会。他认为教育学不能仅仅停留在理论上，必须加以示范与实习。他定期向有关教育当局汇报他的实践工作，受到了高度重视。他被聘为柯尼斯堡“公共教育学术团”的成员，负责考核高级中学见习教师以及文科中学毕业生成绩，审核教科书、教学计划，后来还担任过该机构主席，并在1829年被任命为教育委员。

他在柯尼斯堡大学的讲学颇受学生们的欢迎。他讲演时，教室里座无虚席，不少学生在他上课前就在教室门口等候工友开门。与此同时，他大力开展心理学研究，撰写了《心理学教科书》《论数学应用于心理学的可能性与必要性》等重要心理学著作。

赫尔巴特的住处与实验学校的学生宿舍正好在一起，因此他常常接触这些学生的家长。后者多数是官吏与贵族。这无疑对他的立场、观点有不可抹杀的影响。

1815年在维也纳召开的神圣会议结束以后，德国各邦的政府

① 转引自［德］G. 魏斯：《约翰·弗里德里希·赫尔巴特传略》，朗根萨尔察，1926年版，第39页。

② ［德］V. W. 阿施穆斯：《赫尔巴特》第一卷《思想家》，海德尔堡，1968年版，第268页。

转向保守、反动，在教育上也开始采取反动措施。1824年普鲁士颁布反动命令，反动势力对大学进行严格控制。学生团体被取缔了，师生言行受到监督。赫尔巴特对这种监狱式的生活越来越感到不舒服，加上柯尼斯堡的气候对他健康不利，他便产生了离开的念头。但当时他的同事与学生对他的这个念头还是半信半疑，后来得知他真的接受了格廷根大学的聘请，大家都深表惋惜。他们出于对他的崇敬，在他的生日开了一个音乐晚会欢送他。

1833年他到格廷根大学第二次执教，当时大家对哲学的兴趣渐淡，而且学生的科学精神较差，但他的教学越来越受到学生的欢迎。1837年威廉四世去世。新国王接位以后决定撤销1819年带有民主主义色彩的宪法。七名教授联名抗议国王的这一行动，这就是德国历史上著名的“格廷根七教授事件”。当时身为格廷根大学哲学院院长的赫尔巴特虽反对国王的做法，但没有加入签名者行列，并在国王开除这七名教授后，避免与他们来往，这引起了广大学生对他的不满，并抵制他的课。听他课的学生大大减少。对此他写了《对格廷根危机的回忆》，希望能在他死后发表。他认为抗议行为不会有结果，只能给大学带来害处。他说：“评判德国人的政治生活能作出什么样的改善，能改善多少，这不是我的事情。我只能说大学精神不能模仿政治生活，因为大学的本质在科学中。”① 但是这一切不能消除他内心受到的打击。从此他感到生命的高峰已经过去。他的精力衰退了，尽管后来学生还是恢复了对他的热诚。1841年8月11日他猝然昏厥，并于14日与世长辞。8月16日他的亲属、朋友、学生把他安葬在老式的阿尔巴尼教堂公墓。在他的墓碑上镌刻着这样的墓志铭：

---

① 转引自［德］G. 魏斯：《约翰·弗里德里希·赫尔巴特传略》，朗根萨尔察，1926年版，第57～58页。

探求神圣深湛的真理，
甘于为人类幸福奋斗，
是他生活之鹄的。
此刻，他的自由的灵魂，
充满光明，飞向上帝，
此地，安息着他的躯体。①

二、政治观点与哲学思想

赫尔巴特生活的年代正是欧洲大陆资本主义处于上升时期的年代。当时德国是一个经济上相当落后、政治上分裂的封建王国。刚刚诞生并逐渐成长的资产阶级力量极为软弱，但由于不能忍受封建统治阶级的压迫，已表现出对封建贵族统治的不满，有了争取自己地位与权力的要求。正如恩格斯指出的那样："德国中间阶级或资产阶级的政治运动，可以从1840年算起。在这以前，已经有种种征兆表明，这个国家的拥有资本和工业的阶级已经成熟到这样一种程度，它再也不能在半封建半官僚的君主制的压迫下继续消极忍耐了。"②

从18世纪末至19世纪初，启蒙运动、法国革命和拿破仑时期，德国各邦的君主大多力求实行较开明的政治，改革教育，努力发展教育。在意识形态方面，德国正处在启蒙运动顶峰时期，出现了一个充满着"叛逆精神"的批判时代，涌现了许多伟大的思想家、文艺家，其中有诗人歌德、席勒，哲学家康德、费希特和黑格尔，音乐家贝多芬等。

---

① 转引自［德］G. 魏斯：《约翰·弗里德里希·赫尔巴特传略》，朗根萨尔察，1926年版，第59页。

②《马克思恩格斯全集》第8卷，人民出版社1995年版，第14页。

赫尔巴特的政治观点与社会态度深深地打上了他所处时代的思想潮流的烙印。他早期向往自由、解放与社会变革，希望建立一个讲道德、有理性的幸福社会。在大学学习期间他加入了“自由协会”，受到了不少激进同学的影响。在他彷徨时，“自由协会”使他振奋，使他充满信心。他说：“我要不断努力向上，带着火一般的热情不知疲倦地进行斗争——直到坟墓打开，太阳神把她的光芒播撒在我身上……”①

他在《教育学讲授纲要》中提出了“可塑性”这个教育学的基本概念，认为人人具有可塑性，人人都能受教育。他写道：“每个学生不管其身份地位有何差别，都必须养成求学的习惯，使自己成为整个社会的有用之才……”② 同时，他认为人人都应受平衡的多方面的教育，认为：“多方面性是没有性别、等级和时代差别的。它具有灵活性与普遍存在的可接受性，适合于男女老少，任意地存在于贵族和平民身上……”③ 同时他强调重视个性，追求个性的和谐发展。这一切都明显地体现了资产阶级民主主义思想，在当时历史条件下无疑是进步的。

赫尔巴特坚定地树起了教育改革的旗帜，与当时德国传统的教育制度相悖。他明确地提出，国家不应干预教育，指出：“由国家方面来安排的教育最后会违背国家本身。”④ 这显然表明了他企图使教育摆脱封建专制统治的影响，使其为资本主义发展服务并朝着资本主义教育制度方向发展。

赫尔巴特的国家观与社会观具有温和的自由主义色彩，介于自

---

① 转引自［德］G. 魏斯：《约翰·弗里德里希·赫尔巴特传略》，朗根萨尔察，1926年版，第17页。

② 本书第10页。

③ ［德］赫尔巴特著，李其龙译：《普通教育学》，人民教育出版社2015年版，第38页。

④ 转引自［德］B. 艾伯特：《赫尔巴特教育学体系的作用》。

然法思想与后期浪漫主义国民组织学说之间，是两者的妥协，但更接近启蒙运动派的自然法思想。他认为国家应当按一定的道德规范组织起来，应当是一种“有灵魂的社会”①。

在赫尔巴特生活的时期，德国出现了1815～1830年和1832～1840年两个政治反动时期，资产阶级争取到的某种程度的自由与民主等权利遭到剥夺。反动势力对大学进行了严格限制和控制，师生的言行、教授的讲义受到了监督与检查。1819年，普鲁士政府利用激进派学生杀死了一个俄国奸细的机会，镇压学生和教师的自由主义运动。赫尔巴特对此表示反对，他在讲演中谈到自己所感受到的压抑，婉转地抗议政府的压制措施，呼吁不应当因为青年人的过激行为而侵犯学术自由。

但是，赫尔巴特的政治观点明显地反映了当时德国新兴资产阶级的软弱性与妥协性的特征，表现出某种程度的保守性。赫尔巴特早期虽然主张解放，主张打碎封建等级制度的锁链，主张社会变革，但是他认为这种变革的杠杆是教育。在他看来，通过教育可以培养德性，传递文化，从而使国家变成一个有道德的理性社会。他说“道德的进步”通过教育比通过“国家改革”或“革命”更有希望实现。② 出于资产阶级的妥协性他对资产阶级在封建专制下争得的权利感到满足，强烈主张维持现有社会秩序，并写道：“我们生活在正统和自由的统治下，这种统治也许能够通过保护我们而持续地给我们带来幸福，只有在这种保护下才可能使我们如此从容地、如此无拘无束地……触及各种政治意见。”③ 他一直希望保持社会秩序，主张通过对学生同情心的培养，“让他了解他在其一切社会关系中所具有的正确地位，并让他感到其生存的全部条件与对他人

① 详见［德］B. 艾伯特：《赫尔巴特教育学体系的作用》。

② 转引自［德］F. 霍夫曼主编：《约翰·弗里德里希·赫尔巴特教育学文选》，柏林国营人民与知识出版社1976年版，“引言”第16页。

③ 转引自［德］B. 艾伯特：《赫尔巴特教育学体系的作用》。

的依赖性。通过同情心把这种感觉化为对所有人相互依赖的了解，通过越来越清楚地了解和越来越如所期待的那样明白社会运动在不断进行，乃至反复来回摇摆，儿童必然会珍惜一般秩序，不损害这种秩序，甚至觉得值得为这种秩序作出牺牲，假如有一次可能要求他立即作出牺牲的话。”①

赫尔巴特步入老年后政治观点更趋保守，如果说他在年轻时还有一定的政治热情，参加并组织诸如“自由协会”等自由运动的话，那么到了老年，这种热情丧失殆尽。这充分反映在他对1837年的“格廷根七教授事件”的态度中。

与夸美纽斯、卢梭、裴斯泰洛齐和第斯多惠等伟大的教育家相比，赫尔巴特无疑缺少前者所具有的那样高的积极性去为社会进步而斗争。

赫尔巴特在年轻时期就对哲学产生了强烈的兴趣，并深受莱布尼茨、沃尔夫、康德和费希特等哲学家的影响，其中康德和费希特的哲学思想对他的影响特别深。但赫尔巴特并不停留在追随康德和费希特的哲学学说方面，而是很快就独辟蹊径，别树一帜，站到了对康德，特别是对费希特的批判战线上。

赫尔巴特自称是个实在论者，他说：“这里我可以假定，人们从我的形而上学的主要观点出发可以了解我是个实在论者，我是在驳斥唯心主义的基础上建立实在论的。”②

赫尔巴特同意康德关于“自在之物”存在的说法，认为物质是实在的。他不同意康德关于主体先天就具有感觉形式，而没有这种形式主体就不能取得任何感性认识的观点。他认为人能通过经验揭示现象，而现象蕴含着实在，现象恰恰在同样程度上暗示存在。

① [德] 赫尔巴特著，李其龙译：《普通教育学》，人民教育出版社2015年版，第87页。

② 转引自 [意] B. M. 贝莱拉泰：《约翰·弗里德里希·赫尔巴特与德国科学教育学的建立》，汉诺威，海曼·施洛德尔出版社1979年版，第126页。

费希特从右边批判继承了康德哲学，发展了康德唯心主义的一面，摒弃了带有唯物主义倾向的“自在之物”的观点，认为这是康德哲学中“没有意义的幽灵”。他认为“自我”创造一切，在“自我”之外没有独立存在的其他事物，指出认识的本源是“自我”，心是构成一切东西的基础。赫尔巴特明确反对费希特的论断，认为认识来源于经验。他写道：“感觉是唯一我们能把握的本源事件。”①

康德认为空间与时间是主观认识事物的先天具有的感觉形式，是主观加到“自在之物”之上的。而赫尔巴特则认为空间与时间是客观的，指出经验中的空间与时间是不能任意改变的，只能客观地接受。针对唯心主义的先验论，赫尔巴特写道：“从绝对的意义上说，心灵原来是一张白纸，没有任何生命或观念的形式，因此，在它里面既没有原始的观念性，也没有形成它们的素质，所有的观念，毫无例外，都是时间和经验的产物。”② 其实，虽然时空是客观的，但应该指出，人类感知时空这两种“一切存在的基本形式”是社会实践的结果。

众所周知，哲学问题的核心之一就是认识论。赫尔巴特认为：“认识是在观念中摹写在它面前的东西。”③ 他认为认识事物的各种尝试，其目的就是在我们头脑中反映我们感知的事物。

在认识的阶段方面，赫尔巴特认为感知本身不能在实质上把握事物，感知只能显示现象。人只在感知事物的过程中同事物产生接触点，但人不能停留在感知阶段。因为这种感觉仅仅是简单的感

---

① 转引自［德］B. 艾伯特：《论赫尔巴特教学著作中关于人在自然界与社会中的地位》，《教育史年鉴》，1981 年版，第 117 页。

② 转引自［英］博伊德、金著，任宝祥、关元训译：《西方教育史》，人民教育出版社 1985 年版，第 335 页。

③［德］赫尔巴特著，李其龙译：《普通教育学》，人民教育出版社 2015 年版，第 50 页。

觉，只是显示事物，而不是反映事物的实质。感知是单纯的接受行为。他认为我们的认识目的是把握事物的实质，把实质从感知中抽象出来，认识比感知高一层。他指出，认识是头脑中的加工活动，是头脑中的积极活动。在这方面，赫尔巴特企图调和经验主义与唯理论的矛盾，把两者统一起来。经验主义者坚信知识来自感觉，但是他们不重视对感觉材料还需要上升到理性认识的过程。而唯理论者轻视感觉与经验，认为只有理性认识才是唯一可靠的。赫尔巴特认为仅仅接受两者中的任何一种而忽视另一种就不能真正认识事物。他写道："唯理论若无经验主义，则是空的，并且不仅是空的，而且也是无基础的……经验主义若无补充它的唯理论，则是不可理解的，并且不仅不可理解，而且也是非常矛盾的，同自身相对立的。"①

赫尔巴特认为，认识过程这种头脑加工活动不是随心所欲的，它通过经验获得材料，按一定形式在意识中描述实在。这种形式就是概念。他说："认识是通过概念系统来表达的。"②他认为任何概念都是从纯粹的感知出发，从经验中产生的。它是历史地在人类普遍思维中发展起来的。人的思维就是在这种概念领域中进行的；人的认识就是通过概念在意识中描述认识对象，或者说"反映"认识对象的。

关于认识过程，赫尔巴特还运用了"统觉"这个术语。它指的是，人在经验中获得了一定的观念，于是在吸收新的观念时就依靠这种旧的观念来同化新的观念，形成观念体系或"统觉群"。或者说，人在认识某一新事物时利用原有的经验来理解新事物。例如在鉴别茶的质量时，品茶者根据已积累的经验了解所要品尝的茶的味道和优劣，并把要品尝的茶的这种味道吸收到意识中去，或者吸收

---

①② 转引自［瑞士］A. 布吕克曼：《约翰·弗里德里希·赫尔巴特的教育学与哲学思想》，苏黎世，1961年版，第18、23页。

到已有的对茶的经验中去。统觉过程也就是使分散的感觉联合成一个整体的过程，即借助旧观念吸收新观念、扩大“观念团”的一个过程。赫尔巴特的这些思想属于传统的联想主义。他的统觉理论在教育上的影响是很大的。

此外，赫尔巴特还提出了关于自然是“力与运动体系”的论点。在心理学研究方面他注意到了心理的生理解剖基础，认为人的精神活动是有物质条件的。凡此种种都明显地反映了他的实在论倾向。但是，这种哲学倾向主要表现在赫尔巴特的自然观上。在社会观方面，当他提出道德教育等一系列问题时，他并不强调人的精神活动是有物质条件的，而总是脱离人类物质生产和各种社会活动基础。同时赫尔巴特确认上帝的存在，也和牛顿一样，认为自然这个力与运动的体系是由上帝推动的。这也并不奇怪，即便是启蒙思想家，多数也只是反对当时教会的罪恶，而不反对宗教。他还从形而上学出发认为实在是不变的。他认为事物实际上是由许多实粒（实在的微粒）复合而成；事物的变化只是现象上的变化，而非实质的变化；事物的变化仅是实粒的来去，实粒本身没有变化。这表现了他的形而上学的思想倾向，因为科学的发展证明任何层次的微粒都是有变化的。赫尔巴特的哲学思想是当时德国哲学主流中的一个支流，对哲学界影响很小，后来也没有为人们所注意和重视。

三、教育思想

赫尔巴特的教育思想集中反映在他的代表作《普通教育学》与《教育学讲授纲要》中，后者是前者的补充与具体化。在这两本著作中，赫尔巴特提出了作为独立的一门科学的教育学理论体系。他认为教育学的基础是哲学与心理学，教育的目的是培养道德性格的力量，这主要体现在五个道德观念上，即内心自由的观念、完善的观念、仁慈的观念、正义的观念和公平的观念。他把实现这种教育目的的手段分为三种，即管理、教育性教学和训育。

管理的目的在于对儿童进行外部的领导，维持教学与教育的秩序，为实施教学与教育创造条件。他写道："这种管理并非要在儿童心灵中达到任何目的，而仅仅是要创造一种秩序。"① 管理的主要措施是威胁、监督、命令、禁止、惩罚、权威和爱。他认为教育者应在儿童心目中树立权威形象，受到他们的爱戴。树立权威的关键在于卓越的智慧；而受到爱戴的关键在于教育者自己要爱儿童，与他们保持亲密的关系。

赫尔巴特认为要使知识影响道德品格的培养，学生必须对知识产生强烈的兴趣，从而产生坚强的行为意志。这种兴趣还必须是多方面的、平衡的，这样道德的培养才能是多方面的、平衡的。所以教育性教学的目的是培养学生平衡的多方面兴趣，使他们形成思想范围。多方面兴趣分为经验的兴趣与同情的兴趣，对事物的联系与规律性的思辨的兴趣，对真、善、美的审美兴趣。同情的兴趣包括对人的同情兴趣、对社会的兴趣和对宗教的兴趣。

赫尔巴特指出教育性教学的条件是注意与统觉，即在教学中必须引起学生的注意和兴趣，同时必须让学生在原有观念的基础上掌握新的观念。教育性教学的途径是分析教学与综合教学。② 分析教学是从学生及其经验出发进行的，即将学生的杂乱经验分析为各种组成部分或因素；而综合教学是从材料与提示出发展开的，即将学生的一些部分的认识概括成整体、系统。这种教学都以学生的专心与审思为基础。学生通过专心达到"清楚"与"联合"，通过审思

① [德] 赫尔巴特著，李其龙译：《普通教育学》，人民教育出版社 2015 年版，第 18 页。

② 赫尔巴特在《普通教育学》一书中，把教学方法分为"单纯的提示教学""分析教学""综合教学"，后在《教育学讲授纲要》中，把三种教学方法归纳成"分析教学"与"综合教学"两种，把"单纯的提示教学"归入"综合教学"中，作为"综合教学"的一种形式。所谓"单纯的提示教学"又译作"叙述教学"，它是教师用生动的叙述来补充学生直接经验的一种教学方法。——译者注

达到"系统"与"方法"。清楚、联合、系统和方法在赫尔巴特看来乃是教学过程的四个主要阶段，或者说教学的四个主要环节。"清楚"指教师讲述新教材，将新观念分解出来深入研究；"联合"指通过师生谈话，将新旧观念联系起来；"系统"指在教师指导下寻找结论和规则；"方法"指通过练习将所学知识应用于新的场合。

教育的第三个手段就是训育。赫尔巴特指出训育是一种持续的诱导工作，它通过交际、榜样、启发使学生直接得到积极的发展。训育就是要直接和间接地陶冶儿童的性格，在儿童身上培养一种有利于教学的心理状态。训育的措施可以是抑制、惩罚、赞许和奖励。

综上所述，赫尔巴特提出的教育学体系是一个比较严密的体系。

列宁曾经指出，在分析社会科学问题时，最重要的就是"不要忘记基本的历史联系"①。如果从一定的历史背景出发，按照当时的社会关系，用历史唯物主义观点来考察赫尔巴特教育思想的话，那么完全可以肯定地说，赫尔巴特的教育思想是进步的，他对于教育理论与实践的贡献是卓著的。正如德国弗兰茨・霍夫曼教授在1976年赫尔巴特诞生200周年纪念会上作的报告中指出的那样："无疑，约翰・弗里德里希・赫尔巴特属于资产阶级教育学的经典作家。他对于教育科学发展的贡献是不可抹杀的……"②

从赫尔巴特提出的教育目的，也就是道德教育目标看，他主张培养学生树立"内心自由""完善""仁慈""正义""公平"这五种道德观念。联系到他主张打碎封建等级制度的锁链，强调教育应从个性出发，使个性得到发展，可以说，他所提出的教育目标代表了德国当时正在兴起的软弱的资产阶级的要求。众所周知，法国资产

①《列宁选集》第四卷，人民出版社1995年版，第26页。

②［德］F. 霍夫曼：《论赫尔巴特的教育学》，《教育学》杂志1976年第9期，第852页。

阶级革命前启蒙运动思想家曾经提出过“自由”“平等”“博爱”“理性”“进步”等反封建的口号。赫尔巴特提出的教育目标与这些口号显然有些类似。尽管他提出的教育目标只是和康德相似，仅仅把法国革命的政治要求变成抽象的道德律令，缺乏战斗性，不能和启蒙运动思想家所提出的具有具体内容、针对性很强的反封建口号相提并论，但其一定的进步意义是不容否认的。

赫尔巴特在把道德教育作为每个人都必须达到的必要目的的同时，提出了教育可能达到的目的，即主张为成长中的一代将来能从事某种职业实施一定教育，帮助他们发展能力与兴趣。他特别强调培养平衡的多方面兴趣。他为教学提出了两条主线——历史的主线与自然科学的主线，选择这两条主线来培养学生的多方面兴趣。他写道：“第一条主线不仅仅包括历史，而且也包括语言常识；而第二条主线不仅仅包括自然科学，而且也包括数学。”① 为此他在把古典语言、文学和历史作为重要教学内容的同时，提出了教授实用内容的自然科学主张，建议设置数学、物理、化学、地理与博物学等等。同时他还指出青少年学习“技术知识”的必要性，甚至说：“每个青少年应当学习使用木匠最常用的工具，应当像使用直尺与圆规一样出色。使用机械的技巧往往比体操练习有用。前者有助于智力发展，后者对身体有利。”②我们知道，当时德国封建势力为了保障自己的教育特权，一方面在文科中学（古典中学）中特别强调人文科学教学，贬低自然科学教学，另一方面在国民学校中把教学局限于宗教与读、写、算的初步知识教学方面，在实科学校中则偏重自然科学和商业、工业等技术知识。赫尔巴特虽然主张维持这样的双轨制，而且认为未来的领导者应该进文科中学，但他提出的两条主线的主张反映了他同封建专制的教育政策的分歧，体现了对资本主义发展需要的实用人才的要求。

---

①② 本书第 19、139 页。

在管理方面，赫尔巴特指出："如果不紧紧而灵巧地抓住管理的缰绳，那么任何课都是无法进行的。"① 他认为，一个不可驾驭的儿童是无法施以教学的。他强调严格的纪律，要求在一定情况下采取威胁与惩罚手段，甚至主张体罚，认为儿童还没有形成道德意志，必须凭借惩罚乃至体罚来约束他们。众所周知，18世纪德国学校体罚盛行。赫尔巴特没有摆脱这种教育实际的影响，而且为它寻找理由，这反映了他思想中保守的一面，但是他也认识到不加节制地运用体罚不是好事情，认为威胁不过是管理的一种消极措施。他写道："当责备无济于事的时候，人们就常常采用体罚手段；事实上，试图完全排除体罚是徒劳的，但是必须极少采用……"② 他主张建立以"情感一致"为基础的师生关系，并把建立在这种关系基础上的多样性活动作为真正的教育手段。同时他反对专制式地让学生"盲目服从"，而且写道："难道有谁愿意通过纯粹的约束措施，完全通过军事式的严厉手段来逼迫儿童服从吗？人们只能理智地把这种服从同儿童本人的意志结合起来，并只能把这种服从当作一种已经进行了一段时间的真正的教育的结果来期待。"③ 他的这些进步的见解也是我们应该加以注意的。

赫尔巴特十分重视教学问题，把教学作为培养德行的核心。在他看来，德行是一种在人身上发展成为根深蒂固的内心自由的观念。内心自由就是认识与意志的关系。他反对康德的"绝对命令"说，不同意他的先验自由观点。他认为意志不处于对认识的关系中，就不能说有了内心自由。用通俗的话来说，康德认为人可以不受自然的必然性的支配而去执行超验的道德规范，人的意志是自由的。道德与人的经验无关。而赫尔巴特则认为人只有认识了道德规范，才能产生服从它的意志，并达到自由，从而强调了认识的重要

①③ ［德］赫尔巴特著，李其龙译：《普通教育学》，人民教育出版社2015年版，第16～17、23页。

② 本书第27页。

性。基于自己的这种伦理学观点，他把教学作为教育的核心，主张通过教学使儿童建立能客观地决定意志的思想范围，认为“愚蠢的人是不可能有德行的”①。这里也体现了他一定的进步性。诚然，我们认为道德属于意识形态范畴，是有社会性的，并非有“知识”的人都有“德行”。

赫尔巴特因而主张建立一种踏实严密的教学体系，反对浅尝辄止，他指出：“正因为人的专心能力太弱，不能在许多地方仓促逗留而有许多成就……所以我们必须防止草率的逗留，想时而在这里，时而在那里有所作为。”② 而同时他也反对教师对某一点讲得太多而引起学生厌烦，从而使教学结果适得其反。

在通过教学培养兴趣方面，赫尔巴特既把培养兴趣作为教学目的，使兴趣伴随一个人的终身；又把兴趣作为教学手段，认为：“在兴趣中，一个人可以容易地去完成他的各种决定，而且使他觉得到处都很容易，并不会因为有其他要求而取消他的计划。”③赫尔巴特的兴趣观对现代教育产生了积极的影响。

在教学中，赫尔巴特提倡让学生具有主动性，反对把他们置于被动状态。他指出在把学生兴趣引上正确道路时，“会使他们在某种程度上处于被动，但这种被动性不应当压制他们身上较好的主动性，倒是应当激发起这种较好的主动性”④。他写道：“使听者仅仅处于被动状态，并强迫他痛苦地否认自己活动的一切方式，本身就是使人厌恶与感到受压抑的。”⑤他认为兴趣本身就是主动性，他排斥以往常用的教学方法中强调学生接受的一面，指出：“教师在必须确保正在进行的工作能顺利进行下去的范围内，可以给学生最大

①④ 本书第 34、37～38 页。

②③⑤ ［德］赫尔巴特著，李其龙译：《普通教育学》，人民教育出版社 2015 年版，第 47、49、69 页。

限度的自由，这种方式乃是最好的方式。”① 同时他虽然主张某些学科内容的背诵是完全必要的，但他反对对什么内容都采取死记硬背的学习方法，而强调自由想象。他写道：“仅仅引向死记硬背的学习，会使大部分儿童处于被动状态，因为只要这种学习继续下去，就会排斥儿童通常可能具有的其他思想。”② 他说：“有些学生在我这儿受到的教育比指望得到的要少。为什么？我想让人尽可能自己发现。假如他们很少有所作为，那自然可惜！但是，我决不喜欢那种与其说是促进自由想象不如说是妨碍自由想象的教学。”③ 提倡发挥学生的主动性是现代教育的一大特点，赫尔巴特的这些意见也是有价值的。

赫尔巴特真诚地希望通过教学使学生的各方面能力得到培养，反对任何损害智力的做法。他说：“对于教育性教学来说，一切都取决于其所引起的智力活动。”④ 又说：“假如体格要忍受这样多的学习，坐着不动，特别是常常徒劳无益地抄写各种教科书，以致迟早对健康造成危害，那么这就会削弱智力活动。”⑤ “凡不能激发每个学生智力活动的做法，根本不会受他们重视，而也许会被视为负担。”⑥

赫尔巴特从他的认识论出发认为：“人通过经验从自然中获得认识，通过交际获得同情。”⑦ 他把教学作为经验与交际的补充，并以此为标题作了专门论述。他指出：“事实上，有谁在教育中想撇开经验与交际，那就仿佛避开白天而满足于烛光一样。”⑧ 为此他在强调课堂教学的同时，重视让儿童进行其他各种活动。他说道：“当我们重新回忆起我们的目标、兴趣的多方面性的时候，就会很

①⑦⑧ ［德］赫尔巴特著，李其龙译：《普通教育学》，人民教育出版社 2015 年版，第 69、54、55 页。

②④⑤⑥ 本书第 38、31、31、32 页。

③ 转引自［德］赫尔曼·诺尔：《不朽的赫尔巴特》。

容易想起，固定在一个地方，机会是多么有限……”① 他主张让学生自行进行观察，主张有时可送他们到布商那里学习，以便使他们学会像布商一样出色地用触觉辨别毛织物的质地。他还提出应当让学生学会手的运用，让学生参加一定的手工劳动。他认为，教学不能仅限于书本知识，应当把学生学习书本知识与接触环境结合起来。他认为，孤立地在周围世界或书本之中寻找，是找不到这种智力活动的，“而如果把周围世界与书本这两者结合起来的话，就可以在它们的结合之中找到它”②。他在自己创办的师范研究班中，让学生学习理论的同时，也让他们在实验学校进行教学实习，通过理论与实践的结合来培养学习习惯。以上这些意见至今仍有现实意义。

赫尔巴特提出的著名的四个教学阶段，其依据是在教学中学生认识过程的规律性。这四个阶段细致地考虑到了学生学习时的心理状态。在当时，这四个阶段的提出，对教师教课和学生掌握知识很有帮助，是教学论发展史上的一座丰碑，为提高教学质量作出了卓越的贡献。后来赫尔巴特学派把它发展成为“五段教学法”（或其他的教学阶段），影响极大，传播极广。

赫尔巴特是教学史上第一个把心理学作为基础理论来阐明教育学问题的教育家。他认为教育者的首要科学就是心理学。教育科学的发展证明了赫尔巴特开辟的道路是正确的。他在心理学发展史上也有不少建树。他“完全摒弃官能（康德提出的概念）的概念”③，在心理学史上“帮助摧毁了直到那时一直占统治地位的官能心理学”④。他在教育理论中十分强调的“统觉论”是从心理学的研究

①② ［德］赫尔巴特著，李其龙译：《普通教育学》，人民教育出版社 2015 年版，第 56、3 页。

③《简明不列颠百科全书》第三卷，1986 年版，第 735 页。

④ 常导直：《赫尔巴特的教学论的评价》，《华东师范大学学报（人文科学）》1958 年第 8 期，第 72 页。

中得来的。关于意识与无意识的阈限的学说也是他首先提出的。他主张对心理现象作定量分析，并第一个尝试把数学应用到心理学研究中，为实验心理学的形成开辟了道路，因此赫尔巴特受到了心理学界的高度评价，认为他“在心理学中的永恒地位在于他对心理机能进行数学分析的贯彻到底，那是后来受到韦伯和费希纳并且再往后又受到艾宾浩斯……的称颂的；这种永恒地位还在于他在统觉概念中形成的关于注意和整合作用的见解，在于他使学习过程成为一种实验和定量研究领域的坚决努力”①。

赫尔巴特教育思想无疑存在着一定的局限性。他强调了观念，而认为人的其他心理机能如情绪、意志、思维、想象等，都不过是变形的观念，这种看法也是很片面的。在管理与训育方面，他主张把体罚作为必要的措施，表现了他未能完全摆脱封建专制性的强迫教育观念；在其教学理论方面他主要植根于联想主义，存在着某种程度的机械主义倾向；同时，他一方面强调科学的启蒙教育，另一方面则要求发展儿童的宗教兴趣，向儿童灌输宗教蒙昧思想。但是，正如列宁指出的那样：“判断历史的功绩，不是根据历史活动家没有提供现代所要求的东西，而是根据他们比他们的前辈提供了新的东西。”② 尽管赫尔巴特的教育思想存在着一定的局限性，但他对教育科学的发展作出的杰出贡献是不朽的。

19 世纪初，赫尔巴特生前与去世后的那段时期，他的教育学说没有能得到充分重视。在 1819 年他自己也认识到这一点，他写道：“我早就知道，无论是我还是我的学说都不符合这个时代的精神。我也不想要小手腕去迎合这种精神。”③ 1862 年他的学生齐勒尔成了莱比锡大学师范研究班的负责人，从而成了赫尔巴特学派的

---

① ［美］加德纳·墨菲、约瑟夫·柯瓦奇著，林方、王景和译：《近代心理学历史导引》，商务印书馆 1980 年版，第 83 页。

② 《列宁全集》第二卷，人民出版社 1984 年版，第 154 页。

③ 转引自［德］Th. 路特主编：《赫尔巴特教育文选》，1968 年版，第 155 页。

首领。1868年他创建了科学教育学会，出版教育年鉴，宣传赫尔巴特教育思想，使赫尔巴特教育学说得到了传播。1885年齐勒尔的学生莱因接手了斯托伊在耶拿大学的教育学讲座与研究班，在他的努力下耶拿大学成了全世界研究赫尔巴特的中心，去那里学习并研究的学者来自美国、英国、日本、澳大利亚、俄罗斯、罗马尼亚、芬兰、瑞典、希腊、南非、智利、墨西哥等许多国家。赫尔巴特的教育思想在全世界得到了广泛传播。在美国，1889年德加谟的《方法要素》和1892年麦克默里的《一般方法要素》推动了美国的赫尔巴特热潮，形成了赫尔巴特学派运动。1892年美国成立了赫尔巴特俱乐部。1895年美国成立了全国赫尔巴特教育科研学会，该会于1910年改名为全国教育研究学会，每年出版年鉴，把赫尔巴特教育思想在美国的传播进一步推向高潮。

赫尔巴特学派以齐勒尔、斯托伊、莱因等人为首，他们不仅在使赫尔巴特教育理论通俗化、简明化与具体化方面作出了努力，而且在某些方面发展了赫尔巴特的教育思想。首先，他们在赫尔巴特的教学四个阶段基础上提出了"五段教学法"，即把清楚、联合、系统和方法改成准备、提示、联合、概括与运用，为广大教师的课堂教学提供了一个教学模式，受到广泛的欢迎。但教学的步骤是随学科、单元、学生、教师、教学条件等因素而变化的，只提供一个"五段教学法"模式毕竟太简单、太机械、太形式化，所以后来被摒弃了。其次，他们根据赫尔巴特关于教学内容需要"一致"与"关联"的思想，提出了"集中中心说"，把人文学科作为各科的教学中心，使其他学科教学围绕着人文学科进行。后来进步教育派中也有一些人赞成这种做法，发展了"综合课程"和"核心课程"。这种课程设置形式在中小学可以体现不同学科的知识往往有联系的特点，因此在有些国家的中小学中得到采用，例如德国基础学校曾采用"综合课程"方式，而如今在一些国家中开设的某些学科，如科学、综合理科、自然常识、社会常识、劳动学等也属于"综合课程”模式。这种课程设置有利于在探讨与解决某些复杂的问题时运用综合的知识，但有些系统性较强的学科，例如数学、物理、化学、生物等在深入学习阶段必须有分科教学，所以那种打破学科体系的“综合课程”设置模式并不能完全取代分科教学。最后，他们按照赫尔巴特应当引导儿童进入学习的准备状态，使教学材料接近儿童发展阶段的思想，提出了“文化阶段说”，把儿童的成长过程视为是同人类历史发展阶段相类似的，并为此选编了适合各年级的教科书。儿童的发展与人类社会的发展虽有某些可以比拟之处，却是各有其自己的规律的，勉强相互配合，会妨碍按儿童特点及教材系统性进行教学。赫尔巴特学派的影响在第一次世界大战后逐步衰落，代之而起的是进步教育派、新教育派。但直到20世纪50年代，还有些国家的教师仍采用赫尔巴特的教学方法。

赫尔巴特学说在20世纪初传入中国，当时中国正值废科举、兴学堂之际。赫尔巴特的教育思想曾对旧中国的中小学教学有一定影响。他的《普通教育学》是由尚仲依于1936年首次从英文版翻译过来的。新中国成立后，在“左”的思想影响下，赫尔巴特长期被视为反动教育家，对他的研究与评价往往缺乏历史唯物主义态度。“文化大革命”后对赫尔巴特的研究与评价有所深入，但仍然不太注意对赫尔巴特著作原文的考察。希望本书的翻译出版有助于对赫尔巴特教育思想的进一步了解与研究。

德国著名教育家赫尔曼·诺尔写道：“教育学学派在其下几代中渐渐地变得僵化起来，失掉其缔造者所具有的强烈冲动，埋没在技术和纯粹的陈规俗套之中，这就是所有教育学学派的命运。裴斯泰洛齐、福禄培尔是这样经历过来的，而赫尔巴特也是这样经历过来的。”他指出：“恰恰在我们探讨教育学新问题的情况时必须研究他。”这两段话是很有启发性的。各种教育学学派的思想在传播中会变味，而我们在研究教育学新问题时，如果能回忆一下教育学的过去，将会获得启示，因此我们今天重新出版赫尔巴特教育学著作是很有意义的。

李其龙

2014 年 12 月

教育学讲授纲要①

1835

① 原文为 1835 年第一版加 1841 年第二版修改稿补充部分，译文按 1864 年由 Th. 路特主编单印本第二版版本译出。——译者注

目　录

第一编　论教育学的基础

第二编　普通教育学纲要

第一部分　儿童的管理

第二部分　教　学

第三部分　训　　育

第四部分　按年龄论普通教育

第三编　论教育学的特殊分支

第一部分　对于特殊教学内容教学的教育学分析

第二部分　关于学生的错误及其处理

第三部分　关于教育的举办

1835年第一版前言

笔者以《普通教育学》为书名的最早著作迄今一直用来作为讲课的教科书。近三十年来产生了一些可以用作增补的材料。是否有足够的空闲来如愿地作这种补充，特别是与心理学有关的补充，这个问题一直到现在才必须提出来。在此以前只能考虑讲课的需要，以免照本宣科。在第四十四条中可以发现，这里各页是可以与上述著作联系起来的。一般而言，可以用多种形式来撰写教育学，而如果把各种形式都逐一利用起来的话，就不仅能做到完善，而且在实际应用中可以达到可靠性。

1841年第二版前言

第一版真正只是一个纲要，如果要详细探讨它，可以看过去的一本书——《普通教育学》。这就产生了一些不便。眼下的第二版便吸收了《普通教育学》的基本概念，因此，尽管还是很简短，需要有哲学上的准备，但这就足以作为讲课的教科书了。本来实践哲学与心理学就是前提。笔者在这儿先只是援引了最易懂的《简明哲学百科全书》。这本书至少不是以提纲式的风格写的。读者往往都有哲学导论的教科书。这本教科书在复习时可以同《百科全书》作一比较，两者在形式上差别很大，而实际上它们一方面是相互有联系的，另一方面又是相互补充的。

绪　论

第一条

教育学的基本概念就是学生的可塑性。

评注：可塑性这一概念含有很广阔的外延。它甚至延伸到物质的元素。按照经验，它可以一直追踪到那些有机体新陈代谢的元素。在高等动物的心灵中显示出意志可塑性的迹象。但是，我们只能从人身上看到意志转化为道德的这种可塑性。

第二条

教育学作为一种科学，是以实践哲学和心理学为基础的。前者说明教育的目的；后者说明教育的途径、手段与障碍。

评注：这里也包含着教育学对于经验的依赖性，因为一方面实践哲学已经开始被应用于经验；另一方面心理学不仅仅从形而上学出发，而且也从那种通过形而上学而得到正确理解的经验出发。然而，一个时代，就其风俗、习惯与民意来看，如果变化越大，那么仅仅有人的切身经验知识对于教育学来说就越显得不够用了，因为在发生上述变化后，从过去的观察中获得的抽象理论渐渐地失去了其曾经在那里适用的地盘。

第三条

或者接受宿命论，或者接受先验主义关于自由的观念的各种哲学体系，其本身都是排斥教育学的，因为它们都不可能毫无疑义地接受这种显示由不定型向定型过渡的可塑性的概念。

第四条

可是教育学并不能假定可塑性是无止境的，心理学则可防止这种谬误的发生。儿童的不定型性是受其个性所限制的；此外，通过教育使儿童定型，这是受环境条件和时间制约的。成人的定型过程在其内部延续着，而教育者对此是无能为力的。

第五条

由于教育开始时好像要触犯学生的天性，后来又好像要触犯学生自己的决心，而且，假如教育不注意自己的界限，那真会触犯它们，因此这似乎使宿命论和自由论都得到了证实。

评注：因此不足为怪，由康德提出的先验主义的自由论，就一切行为与思想的时间发展来看，同时也是一种宿命论。但是，在那些目光并不敏锐的思想家看来，这两种截然相反的谬误不会相互结合在一起的，而且他们的意见将不断地在宿命论和自由论两者之间摇摆。因为，如果他们从历史角度粗略地观察人类的话，那么也许会觉得，教育者本身乃至学生，都会无意识地随大流前进，而大概不会主动地前进，并认为不主动前进是正确的，于是他们就会走到宿命论上去；另一方面，如果他们只看到个别人力图摆脱外界影响，并常常完全避开教育者的意图前进，那么他们就将走到自由论上去。这里，他们可能不理解意志的本质，而且不认识基于意志概念之上的本质的概念。对于形形色色的时代哲学所鼓吹的意见，年轻的教育者几乎不可避免地会陷入思绪纷乱、摇摆不定的境地；但如果他们在这种摇摆中能够自行观察，而不沉溺于这样那样的极端之中，那么就会获益匪浅。

第六条

我们既不能夸大也不能低估教育在事实上能够起到的作用。教育者应当去探索他能够有多少作为；但他应当始终保持沉着，使自己通过对结果的观察去确定理智的探索应有的界限。为了使自己不至于有所疏忽，他必须看到实践学说的整体。而为了使自己懂得并正确地解释他进行的种种观察，他必须始终牢记心理学。

第七条

在进行科学观察时，应把实际上总是紧密相连的各种概念区分开来。因为教育者的工作是一种连续不断的工作，它应同时照顾到各种关系，始终使未来的工作与过去的工作保持联系。所以按年龄阶段的次序来阐述什么是可以在教育中一个接着一个地做到的这种报告形式，对于编写教育学的要求来说是不够的。这种形式只有在开始时对概要地阐述教育有作用，普通教育学必须把论述基本概念放在一切论述之前。下面我将从两个方面对教育学作出论证，一方面是通过实践哲学，另一方面是通过心理学，而关于心理学也至少必须简短地谈一谈。

第一编

论教育学的基础

第一章　教育学的实践哲学基础

第八条

德行是整个教育目的的代名词，它是一种内心自由的观念，将在一个人身上发展成为根深蒂固的现实。从这里就产生了双重工作，因为内心自由是明智与意志两个成分之间的一种关系，而教育者要关心的是：首先使这两个成分中的每一个分别成为现实，以便以后使它们有可能结合成为一种根深蒂固的关系。明智这个词首先可以理解为对意志作出的审美的（还不是道德的）判断。

第九条

然而，这里不容忘记的是，为使那种关系成为根深蒂固的现实而作出的努力不是别的，正是道德本身；而要在学生那里唤起这种努力是十分困难的，无论如何只有在上述那种双重性工作取得良好进展之后，才有可能。照别人的样子进行单纯的审美判断是容易的；而相反，只有当学生的意向与习惯已经具有与那种审美判断相一致的倾向时，教育者对学生本身进行道德教育才有希望取得成果。否则就会有这样的危险：当学生对意志进行审美判断时，将有意识地使这种判断去服从普通的智慧而产生真正的恶。

第十条

假如透视一下其他实践观念，那么完善的观念就会使我们想到身与心的健康，乃至对两者的评价以及对它们的有意识的栽培。

第十一条

仁慈的观念首先提醒教育者应当避开一切会导致恶意的刺激，以免产生危害；但也有必要唤起学生对仁慈的尊重。

第十二条

正义的观念要求学生放弃争吵。此外，它要求学生对争吵作出反省，这样对正义的尊重才会得到巩固。

第十三条

公平的观念特别在下列情况下，即给予学生应有的惩罚以回敬其故意作祟时应当予以考虑。这里必须严格把握惩罚的尺度，并必须使受惩罚者对所受的惩罚视为正确而愿意接受。

评注：我们不要把这种惩罚同所谓教育性的惩罚混淆起来。所谓教育性的惩罚就是通过自然结果①使学生聪明起来的惩罚。

第十四条

在若干学生或同学中可以形成一个法制社会与奖惩制度的缩影。这必须与在大的社会范围中由上述各种观念产生的种种要求彼此协调一致起来。

第十五条

行政制度对教育颇为重要，在这种制度中，每个学生不管其身份地位有何差别，都必须养成求学的习惯，使自己成为整个社会的有用之才，这种要求可以使教学有许多不同的形式，其中也包括

① "自然结果"这里指让学生自己体会，例如学生玩火时，被火烧痛，就知道火是不能随便玩的。赫尔巴特在这里认为教育性的惩罚就是通过这种"自然结果"让学生明白道理的一种惩罚。——译者注

体育。

第十六条

就文化制度而言，这儿还不可能强调专业教育，而只能突出普通教育。

评注：前面已简单说明的实践哲学原则，也是学生本身获得道德判断力的启蒙教学内容。假如学生有一种借以驾驭意志的决心，并服从这种决心的话，那么道德就寓于这种服从之中。只要这种高级的服从还未牢固地确立起来，那么就应当把它同那种对教育者个人产生的服从区别开来，不论后者是出于害怕还是出于依赖性。

第十七条

对于教育工作来说，完善的观念虽然不是侧重点，可是由于这种观念不断地被应用而显得比其他一切都突出。教育者在未成熟的人身上可以看到一种力量，这种力量要求他经常注意使它得到强化、向各方面发展和完全保持下来。

评注：“请自我完善。”这句话既不像沃尔夫①所处理的那样可以使之普遍适用（仿佛它是整个实践哲学的唯一原则），也不像康德所描述的那样可卑视。趋向完善（因此便构成了完善这个词），如仅仅从量上去理解，则在任何地方都是首要任务，它使人感到自己比自己所能做到的更微不足道，更渺小，更虚弱，更有限。在任何意义上的成长，都是儿童天性决定的，而且是未来可以从他身上期待的一切可赞美的变化的首要条件。“请自我完善”的原则就是如此在其真正的意义上产生出来的。这真正意义就是：人们试图通过这个原则来确定整个德行；而这个原则在任何地方都不可能通过某一个个别的实践观念来体现。紧接着的下面一点评注则具有完全

① 沃尔夫（Christian Wolff，1679—1754），德国唯心主义哲学家。——译者注

不同的性质了，它仅仅是针对教育实践的。

第十八条

一种错误的认识是很容易进入真正的道德教育的，这是由于学生会觉得可以把学习、练习以及作出成绩的要求看作重点，并觉得只要完成这些要求就可以基本上满足了。

第十九条

就这个原因而言，已有必要把真正的道德教育同宗教教育结合起来，前者在日常生活中经常会渗透到正确的自我决定中去，这种结合即可以抑制自以为好像作出了什么成绩似的那种自负。而反过来宗教教育也需要道德教育加以补充，因为在宗教教育中，在那道德还没有于严格的自我监督（有意识的自我责备以求变好）中打下坚实基础的地方，极有可能存在伪善的危险。因为只有当审美判断与正确习惯业已形成了的时候，才可以进行道德教育，所以宗教教育不可过于匆忙进行，同样也不可在没有必要推迟的情况下推迟进行。

第二章　教育学的心理学基础

第二十条

虽然把人的心灵视为各种各样能力的集合体是错误的，但常常还是有人想通过补充来加以说明，认为这种种能力基本上只是一种能力而已，这就使错误变得更大。与其如此，不如去利用各种众所周知的名字来分析各种显著的现象。经验告诉我们，它们是一个接着一个出现的。这样人们便可取得如下一些主要认识，而这些认识足以提醒人们今后要利用心理学。

第二十一条

除感性以外，记忆是以往形式的观念系列的一种未经变化的再现。在这方面，人们还没有发现更高一级观念形成的起点，但必然会发现，如果不经常进行复习的话，这些观念系列通常不会保持得很久。只要这些观念系列的形成不断受到干扰，例如，大量地接受各种新知识的话，那么这些观念系列可能会很快就消失掉。

第二十二条

很年幼的儿童就可能在游戏和交谈时流露出某种独立性，人们把这种独立性归结为想象。

最简单的玩具，只要是能动的，都能引起儿童各种观念的变更与联结，甚至伴随着儿童的内心冲动。这方面，作为旁观者的成人会感到吃惊，也许甚至会担心孩子可能沾染上一些五光十色的、稀奇古怪的念头。但是，假如这种内心冲动对身体的影响不大并很快会消逝的话，那么单就那些念头而言是没有什么足以令人忧虑的。生动活泼的游戏甚至是我们所期待的一种现象，特别是当身体虚弱的儿童迟迟才开始这种游戏，但一旦开始游戏就逐渐强烈活动起来的时候。

第二十三条

对外界事物的观察引起儿童提出无数问题的时刻不久便接着来到了。在这里，儿童力求把新事物纳入他们业已熟悉的概念中去，并用这种概念的符号，即他们业已熟悉的词语来加以说明。于是那种被人们认为能形成判断力的观察活动，会同理解结合起来。而在这时，儿童还远不能追踪和重复地说出具有抽象性质的思绪来，还远不能始终以理智去行动；相反，幼稚的行为却会在极小的刺激下重新再现。

第二十四条

这期间，儿童除了表现出自身快乐与痛苦的感情以外，还会表现出对他人的好感与反感来。此外，还会表现出一种与强烈的矛盾心理相联系着的，表面上似乎坚强的意志来，除非这种意志在早期就受到了抑制。

第二十五条

与此相反，审美的判断在儿童身上一开始通常很少表现出来，而且是一晃而过的。由此就可以看出，如果以后违背儿童的自身意志与利益去教儿童掌握那种较高的艺术感与道德性赖以为基础的审美判断力，那是困难的。

第二十六条

儿童发问越少，就意味着应越多地去试图探究事物，从中默默地进行学习与练习。他们渐渐地会在面对成人时，在成人的指责面前以及在成人的优越性面前羞愧。同时，同龄儿童之间的相互联系变得越来越紧密了。从现在起要观察他们则较为困难。如果教育者在这时期才结识他们，就会长时间地对他们迷惑不解，不太能做到相互完全开诚布公。

在儿童的这种矜持中存在着或多或少的自决性，即人们习惯于把它归结为理智的东西。

第二十七条

当连贯教学开始的时候，各种心灵能力的名字又重新适用起来了；只不过其含义此时有了显著的变化。记忆应当体现在一字不差地背诵范文方面，而背诵有时按这一种规则，有时又按另一种规则，并且大多数与旧的观念没有多大联系；儿童对遥远国家与时代的事物的想象是我们所期待的；能在少量示范资料基础上形成一般概念，能把这些概念联结起来并加以说明，这种理解力是我们期待儿童具备的；这时我们还不指望儿童具有审美判断力，倒是应当要求他们服从命令。

旧的观念在一定的，但不是连续不断的启发下会再现和联结。它们的巨大可塑性是教学的主要条件。在迫不得已的情况下，害怕惩罚的心理会取代一切别的冲动而起作用。但因此对学生提出背诵的一般要求往往不是一次就能达到的，而要使学生在没有监督的情况下做到服从就更不容易了。

第二十八条

在这时出现一种奇特的对照：许多学生在他们自己的活动范围内显示出很强的记忆力、想象力与理解力，而教师与教育者却不予承认；他们在同伴中甚至取得作为最有头脑者的地位，并至少赢得同伴们的尊敬，而在课堂上却表现得平庸无能。这样的经验表明，要使教学彻底影响学生的自我发展是困难的。但同时我们看到，通常被认为是各种心灵能力的成分在一定的观念群中出现了。

第二十九条

成人对教会、对家务和对社会等都有自己的观念群，这些观念群虽然是相互交织在一起并相互制约的，但远非在各点上都完全联系在一起。同样，儿童对学校，此外对家庭、对游戏场所等也已有了自己的观念群。因此，当有人说这孩子在陌生人中间与在家中或在学校中判若两人时，我们则必须确切地把这现象解释为一种有意识的节制行为。

第三十条

每一个观念群是由各种观念的混合体和观念系列及观念系列的联结体组成的，假如观念的混合体较完备，它们就会像一个不可分割的整体那样活动在意识中，假如观念系列及其联结体的发展不受阻碍，那么它们会一个一个地逐渐发展起来。这些观念的混合体与系列的联系越牢固，观念群在意识中活动的规律就越确定，同时对阻碍它们活动的反抗越大。因此，想通过教学来影响它们就很困难。但是，它们能够接受补充并发生新的联系，从而随着时间的推移产生实质性的变化。是的，当它们在各种刺激下再次进入意识时，便会自然地变化到某种程度（请想一想有人经常和在不同范围内作的报告）。

事物的观念就是事物特征的混合体。对于教学来说其他重要的混合体例子就是概念与话语。但是，因为用多种语言来表达概念相同的话语可能会变得十分复杂，彼此完全没有内在联系，所以我们似乎可以发现，假如同一个事物或概念在不同时候出现，那么有时候用这种语言表达会使之复杂化，而有时候用那种语言表达会使之复杂化。即使大部分过去的观念同以后的同类观念结合得足以使人觉察不到两者之间的差别，然而对事物的重复观念不可能完全是浑然相同的观念。

第三十一条

当思想获得语言的时候，各种观念群的内部结构便多少可以被辨认出来。其中最一般的就是时间结构。连接词显得特别重要，因为连接词本身虽然不能表达某些被感知的事物，但能帮助说话者向听者提供一些指示：他的话应当在什么样的关系中来理解，可同什么作对照，带有多少肯定性或摇摆性。因为连接词的意义可以归结为起连接、否定和肯定等作用。我们可以发现，丢失和拒绝是与否定相似的，期待、希望以及恐惧是与不肯定相似的。这就是说，在观念群方面不仅应当考虑感知的事物，而且应当想到情绪状态。在儿童知道如何用他们的语言表达观念群结构并利用连接词来表达以前，他们早就具有情绪状态和观念群结构了，而有些连接词，例如，“虽然”“尽管”“而”“既不……又不”“或者……或者”等，直到以后他们才会使用。

第三十二条

对于教育者来说，区别哪一种观念群学生容易产生，哪一种能较长久地保持在意识中，哪一种会较迅速地消失，这如同了解学生的观念群核心一样重要。教学与训育产生效果的条件直接取决于这一点。与此有关的最必要的一点将在下面谈论有关兴趣与性格形成时加以论述。

第三十三条

可塑性并不依赖于心灵最初显现的各种能力之间的关系，而是依赖于已经获得的观念之间的关系。

评注：有些儿童从小由各种不同的人带领，甚至被寄养在不同的家庭或其他生活环境中。在他们身上通常存在着一些彼此不合拍、联系很少的观念。他们并不轻易地绝对顺从别人，而怀有隐蔽的愿望，在他们身上能觉察出不易捉摸的对立现象，并不久会朝着那种教育无法干预的方向前进。

那些长期只由一个人（最好是母亲）带领的儿童，其可塑性要大得多。这些孩子通常不向其母亲隐瞒什么。然而关键在于进一步的教育必须密切地与业已进行的教育结合起来，而不能要求有什么跳跃。

第三十四条

如要更确切地了解每一个人的可塑性，就必须进行观察。这种观察一部分可针对业已存在的观念群，一部分针对身体素质，其中包括气质，特别是情绪上的敏感性。有些儿童最初的自然冲动是恐惧，有些则是发怒；有些容易哭笑交替，有些难以哭笑交替。有些儿童神经系统只要稍微受到刺激就会激动起来。

此外，请观察：

1. 学生在课余是否仍相当幼稚地把供给他的任何东西用来玩耍？或者是否有意地按自己朝三暮四的爱好来改变游戏？或者是否可发现学生在执着地追求某些事物？

2. 关于学习方面，学生能否理解长序列的知识，或者只能理解短序列的知识？在复述时是否常常出现许多谬误，或只有少量谬误？能否把学到的知识在游戏中无拘束地再现出来？

3. 学生的表达是肤浅的，还是深刻的？这一点我们可以通过对他们言语与行为的比较而逐渐有所了解。

此外，在观察时我们一方面还要了解学生智力活动的规律，另一方面也要了解学生思维容量的状况，以便根据这种种情况来确定教学题材以及教学形式。

第三十五条

如果教学仅授予学生知识，那么就无法保证能否通过教学弥补个性的缺点，并给予那种独立于教学而存在的观念群以重大补偿。影响观念群的关键问题在于，教学对于道德来说可能起到什么作用，并起多大作用。

至少我们必须为有计划的教学工作提供知识材料，否则就根本不可能扩大智力活动的范围。假如知识具有自由迁移的可能性，以至于想象被它们丰富起来，那么这些知识的价值就会升高。如果这些知识无助于纠正审美判断，或者无助于纠正欲望与行为，或者使两者都得不到纠正，那么它们对道德的作用始终是可疑的。这方面需要进一步论证。

如果教学开拓了学生的思想范围，那么，由于欲望在思想范围中扩展而丧失了片面追求的能量，儿童粗野的本性一般就会减弱。其次，假如教学使儿童理解某种审美对象，那么他们的情操就会变得高尚，以至于至少会接近意志的正确判断，即导致实践观念的产生。

但是，假如知识主要变成了虚荣心追求的对象，那么它的好处就容易被坏处所压倒。

第三十六条

为了使教学影响学生已有的思想与观念，我们必须为教学打开一切通道。因为我们没有把握预料究竟什么对学生的影响最大，所以教学的片面性是有害的。

学生已有的观念群有两个主要来源：经验与交际。从经验中产生自然知识，但不完备，而且是粗略的；从交际中产生对人的观念，但并不始终都是值得称赞的，而极有可能是可指摘的。改进观念是最迫切要做的事，但也不可忽视自然知识，否则，恐怕会产生各种谬误、狂想与放肆。

第三十七条

因此在教学中有两条主线——历史的和自然科学的。第一条主线不仅包括历史，而且包括语言常识；而第二条主线不仅包括自然科学，而且包括数学。

第三十八条

为了克服个人主义，每一所从整个人类教育出发的学校——从文科中学到乡村学校——都必须把人的关系作为整个教学的主要内容。这就涉及历史课程和哲学课程，应在某种程度上使这些课程占有较大的比重。

评注：另一个观点是，文科中学必须坚持古典知识的教学，但并不能因此而排斥上述那些课程，而是必须与之结合在一起。

第三十九条

数学课程，从一般运算到高等数学，必须同自然知识，进而同经验联系起来，以便深入学生的思想范围。一旦数学教学单独地自成一种与众不同的观念群，那么即使最彻底的数学教学也会显示出一种非教育性来，因为它或者对人自身的价值起不到影响作用，或者往往不久就被遗忘掉。

第四十条

一般地说，教学是否以及如何被接受、被吸收，这始终是难以确定的。为了减少这种无把握的程度，我们必须经常注意使学生产生一种与教学相合拍的心理状态。

这就是训育的任务。

第四十一条

撇开教学不谈，训育必须注意防范热情的冲动，避免有害的情绪爆发。就这一点看，在经过若干年的教育以后，个性虽然肯定会突出地显露出来，可是它还要准备去经验。而教育的迟效，只要这种教育多少是成功的，就会同这种经验结合在一起以自我认识的方式与程度表现出来，成人是通过这种自我认识来谋求限制其先天缺陷的。这方面会出现一些虚假的例外，这种例外往往基于这样一些印象，这些印象在很早的青年时期便已产生并长期被隐藏起来了。

一个人一旦有了活动的自由，通常便会谋求投身到他早就觉得最值得向往的那种生活环境中去。训育必须与教学一起不使学生在希望的方向方面树立一种模糊的形象，而必须使他们客观地从各种不同的立场和观点去理解财富与辛劳。

训育对个性的影响，较少依赖于约束（约束是不能持久的），而更多地依赖于促进个人较好冲动的早期发展，所以后者应占优势。

第四十二条

教育期间必要的约束，其大部分是在另一种观念下，即管理的观念下进行的。这就是说，除了整个训练以外，儿童必须像成人一样有必要经受人类社会的每一个人都必须忍受的那种压力。他们必须忍受约束。国家要求家庭、儿童的监护人和学校都来关心这一点。管理的目的着眼于现在，而训育则注视着未来的成人。它们的立足点是如此不同，以至我们必须在教育学中把训育与管理区别开来。

第四十三条

即使管理的措施取决于它们被感受的强度，可是只有良好的训育才能保证使学生产生真正的感受力。轻微的责备可以比体罚起更大的作用。虽然管理是在那些未经教育的儿童进行捣乱时首先必须做的工作，但应尽可能同训育结合起来进行。这两个概念的区分大大有利于教育家进行思考，他们应当知道，他们所做的工作在实践上明显可以区分为管理与训育两种。

第四十四条

现在先按三个主要概念，即管理、教学与训育来论述普通教育学，以后再对此作一些特殊的探讨。我想首先从必须谈的管理方面谈起，因为管理是教育的首要条件。然后接着探讨教学学说，即所谓的教学论，而有关训育问题则放在教育学的最后部分阐述。因为，假如训育脱离了教学，那么它的作用就不会持续很久，所以教育者始终必须盯住教学，同时使训育措施成为其思考的对象，后者在实践中常常会让位于教学。

另外一种按年龄阶段来论述教育学的形式并不适用于对概念的阐述，在我们从一般论述过渡到专门探讨时才能恰到好处地采用这种形式。

第二编

普通教育学纲要

第一部分　儿童的管理

第一章　规　　章

第四十五条

身体发展的先决条件是必要的照料与培育，而不是娇惯与危险的锻炼。不要用实际的需求来引诱儿童；不要由于溺爱而提出不必要的要求；每一个儿童可以进行何种程度的锻炼，这必须视其体质而定。

第四十六条

管理的基础在于让儿童活动。然而在这方面还不考虑智力培养的收获问题。即使仅仅是为了防止他们捣乱而无别的目的，也无论如何要使时间安排得充实。可是在这方面有一个要求，即应当满足每一个年龄阶段儿童对身体活动的各种需要，排除从中产生的不安。并不是任何儿童的需要都同样大。有些儿童只是因为有人强迫他们坐着，所以他们就显得难以控制。

第四十七条

在其他一切条件同等的情况下，自己选择的活动具有优越性。青少年自己不太知道充分地与持续地从事活动。给予一定的任务，让其这样那样地去做，直到完成，这要比那种常常在无聊中结束的无规则游戏更能保证秩序。最好能让具有足够耐心的成人辅导青少年游戏、讲解图画、叙述故事，并让他们复述等等（并不总是要经常这样做的）。对一些较大年龄的儿童来说，大部分活动可采用教学或从教学出发布置练习这些形式，但不应忽视随后进行必要的补偿性休息。

第四十八条

监督应当与各种活动联系在一起，在监督中要有各种命令与禁忌，同时应当考虑到各种不同的情况。

首先要考虑，是否可能出现需要收回成命而允许开禁的情况，糟糕的是宣布一种比其自身适用范围更普遍的命令；向儿童的请求、眼泪乃至狂热让步，这会削弱管理。

然后要考虑的问题是，我们是否能保证儿童服从。假如不使儿童活动起来，不加监督，这个问题就变得不可思议了。

随着儿童数量的迅速上升，令人担心的问题也会不断增加，特别是在较大的教育机构，由于学生来来往往，问题更多，比如在学校中就是这种情况。

第四十九条

其结果通常是人们谋求建立尽可能严格的监督制度。但单单这样做就有造成完全丧失诚意的服从的危险以及把机灵引向阳奉阴违的危险。

至于第一点，问题取决于强制与自由余地之间的关系。假如约束涉及某些确定的方面，而此外也为任性留有不确定的余地的话，那么青少年通常会接受许多约束的。

关于第二点，任何一个监督者很难完全靠他自己，至少在某些时候他会有这样的一种感受。其他人必须帮助他，有时他必会对此感到高兴。在监督中表现出那种不必要的不信任，那永远是一件坏事；而对那些不该不信任他们的青少年来说，非常有必要使他们能够理解：他们并不是那种需要对他们采取措施的人。

第二章　详细说明

第五十条

因为监督不应当上升到使儿童始终感到有压力的地步，所以为了加强儿童管理，温和与强硬相结合的手段是必要的。一般地说，使管理得到加强的这种力量产生于成人天然的优越性。但正因为如此，有时必须提醒，无论是何种监督，必须同对学生所采取的相应措施结合起来。在记录学生在校有过什么过失时，学校不必记录他们顺从听话的事例，但须记录关于他们经常发生的不服从的事例。这里谈的不是关于真正的教育的检查问题，而仅仅是关于我们通常称之为纪律的问题，而事实上只不过是关于学生应当受到约束的良好秩序问题。

在家庭教育中不一定非要作这种记录，但有时候这种记录是有益的。虽然个别学生本来就知道，别人不会忘记其过错的，但如果记录他招惹的责备，可以强化他对责备的记忆。

第五十一条

当责备无济于事的时候，人们常常就采用体罚手段；事实上，试图完全排除体罚是徒劳的，但是必须极少采用，从而使学生对体罚望而生畏。

如果儿童回忆起他曾经挨过鞭子，这并不会使他有所损害；而如果儿童把现在他已不再可能被挨打同他自己不可能招惹挨打的惩罚等同起来，这同样对他无所损害。然而，如果他不太重视这种体罚的痛苦，则有一种荣誉感的强烈诱惑会对他造成损害。如果儿童已不再怕挨打而再受挨打，这乃是最最糟糕的了。其结果将造成儿童极严重的麻木不仁，而且几乎不能希望通过此时此刻已难免要采取的长期宽恕使儿童重新恢复自然的感情。

让儿童挨饿几小时，这与上述体罚有点不一样。这仅仅是一种剥夺手段，而不是一种直接引起恼怒的会造成儿童麻木不仁的做法。

众所周知，剥夺自由也是一种最常用的惩罚手段，假如这种剥夺确实适合过错，那完全是正当的。这种手段也有极多的层次，对于幼小的儿童来说，可以让他们立壁角，乃至关禁闭，甚至把他们的手反绑起来。但是，考虑到受罚者的难堪心理，这种惩罚不宜持续太久，假如不加看管，那么一小时已算多了；同时，惩罚时位置必须选择得当。

第五十二条

像赶出家门、停课等这种严厉的惩罚只许在极端不得已的情况下应用，尤其在这时应考虑一下，究竟让停课者待在何处，是否会对别的课造成负担。假如学生由于升级在新班级又有了自由，那么往往会重新发生过去那种无纪律的现象。在这种情况下就必须有很严格的监督，并伴之给予他们新的活动，必须创造一种新的环境让他们把过去的坏思想遗忘掉。

第五十三条

权威与爱比任何严厉手段更能保证管理，这是很明确的。但并不是每个人都能随心所欲地建立权威的。明显优越的智慧、知识、体魄和外表举止乃是属于取得权威的有关范围。虽然通过较长时间的和善态度有可能赢得可爱的听话的学生，但恰恰在最需要管理的时候，应停止这种和善态度；同时不要用软弱的宽恕来换取学生的爱戴，只有当爱同必要的严格结合在一起时，爱才是有价值的。

第五十四条

就整体而言，假如我们不必顾及儿童的虚弱，那么在儿童早期年龄阶段，管理是较容易的，而在儿童养成了顺从的习惯之后，管理也是较容易继续下去的，只不过不能中断。但是，即使在短时间内（几天）听任他们自己活动或托付给外人，就会发生明显变化，这样要重新管束他们将是费力的，而且不能太突然地进行这种管束。

假如青少年变得爱撒野了，而应当重新使他们安分守己的话，他们会表现出个别差异来。有一些可以让人通过和善而有分寸的宽恕重新回到有意义的活动中去；而有一些则十分小心翼翼，他们一来是害怕威胁，二来是为了避免惩罚；但是令人担心的是，有个别儿童只想着如何避开监督，他们将陷入难以收拾的境地。

在缺少家庭亲密关系的情况下，这种危险在孩提时期就会迅速增长，到了青少年时期，对他们管教的困难就无法克服了。

第五十五条

一旦青少年感觉到受约束，他们就会企图使约束得到放宽，对此我们必须有思想准备。假如他们按照愿望活动，而约束像一块坚不可摧的铁板，那么他们虽然会放弃使它松动的企图，但将更新他们的方法。随着年龄的增长，活动发生了变化，约束也必须渐渐放宽。此时的关键在于，这期间实施的教育要发展到足以放弃管理的地步。然后，青年人将按照他们的前景来调整他们所希望的活动，这种前景是由他们的地位、财富以及他们的天然能力和求得的知识为他们的未来开辟的。促进那种对他们来说合适的活动，而把他们纯粹的业余爱好与享乐局限在无害的程度内，这仍然是管理的职责。我们不能过早地放弃这种管理，尤其当环境会使人担忧它将造成诱惑时不要放弃这种管理。

第二部分　教　学

第一章　教学对于管理与训育的关系

第五十六条

教学是赖以管理儿童的各种活动的一部分，这一部分根据不同的情况或大或小。

不论在什么情况下，儿童必须有事做，因为懒惰会导致捣乱与不可约束。如果活动是有益的工作，例如手工劳动或田间劳动，那当然好。而假如通过活动能够学习有利于将来教养的东西，那就更好。但并非一切活动都是教学，在儿童管理困难的地方，学习并不始终是最适宜的活动。许多正在成长的儿童在工匠、商人或农人管理下比在学校更好。管理比教学具有更广的范围。

第五十七条

管理所关心的是现在，而教学与训育具有共同之处，两者都是为了教养，也就是为了未来而工作。但远非一切教学都是教育性的，在这里有必要加以区别。例如，为了收益，为了生计或出于业余爱好而学习，这时将不关心通过这种学习一个人会变好还是会变坏。不管他是怎么样的一个人，不管他的目的是好是坏，或不好不坏，只要他有学习这些或学习那些的意图，对于他来说，那种能准确地、迅速地和引人入胜地教给他需要的技巧的教书匠便是一个合适的教师。这里要谈的不是这种教学，而仅仅是教育性教学。

第五十八条

人的价值虽然不存在于知识而存在于意愿之中，但并不存在独立的欲望能力。意愿扎根于思想范围之中，这就是说，意愿虽然并不扎根于一个人所了解的个别知识之中，但扎根于他业已获得的观念的联合与综合作用之中。教育学之所以必须先论述教学的理论，尔后才是训育的理论，其原因完全与为什么心理学着重谈论观念而不着重谈论欲望与意愿相同。

评注：即使很明显地可以看出，为现在而管理较之为未来而训育更紧迫，但过去却未曾把管理从训育中区分出来；而教学更没有找到它恰当的地位。知识的多少在与人格训练的比较中被视为次要的事情，并在首先进行了教育以后，才轮到教学，好像没有教学也能进行教育似的。而在最近几十年中，人们已开始要求强化学校的工作，首先是文科中学的工作。拉丁文将会造就人性。人们懂得，从知识方面出发比从观念方面出发更容易教育人，而且前者可以通过考试来衡量，而后者不能。此间，人们觉得教学时间太短了，而旧的拉丁学校并不感到如此，于是就商量每门学科教多少。我们将主要来探讨各课程间的联系，因为探讨个别学科没有多大意义。

第五十九条

对于教育性教学来说，一切都取决于其所引起的智力[1]活动。教学应当增加而不是减少这种活动，应当使它高尚而不是变坏。

评注：假如体格要忍受这样多的学习，坐着不动，特别是常常徒劳无益地抄写各种教科书，以致迟早对健康造成危害，那么这就会削弱智力活动。因此，近来正在促进体操活动，但是应当注意，

① 德文“geistig”具有“精神的”“智力的”多种意思，从这里的上下文看，该词包含两种意思，因中文中没有能包含这两种意思的词，故选择了“智力的”这个词来译之。——译者注

它可能使运动的激烈程度变得过于强烈。假如知识为夸耀和为达到外在的好处服务，例如某些公开考试的消极方面，那么它就会使智力活动变坏。学校不必显示它们所能做的一切。假如教学用这种方式为它的目的而工作，那么就会同训育发生冲突，训育必须注意学生的整个未来，认识到良好的智力寓于健康的体魄。

第六十条

假如一切智力活动具有同样的性质，那么青少年同什么样的教学材料打交道，这个问题就显得无关紧要了。经验却得出相反的结论，它表明，人的天赋是千差万别的。但教学却不允许像天赋所表现出来的那样千差万别。正如已经由此说明的那样，凡不能激发每个学生智力活动的做法，根本不会受他们重视，反而也许会被视为负担。与其使教学能够有助于改善青少年智力方面的差异，不如决心使教学做到多样化，并对许多学生都具有同样的多样化。

第六十一条

不能把应当教什么与学什么的问题让任性与习惯来决定，因此教学明显与管理儿童不同。假如仅仅是为了防止无所事事，那么我们要进行的管理工作就显得无关紧要了。

评注：某些家庭把儿童送到学校里去，仅仅是因为他们在家里碍事，认为他们不应当闲着没事做。这些家庭没有真正的智育观念，因此在他们看来，学校似乎主要是进行管理的，偶尔才教一些有用的东西。反过来说，学校方面并没有意识到自己也正是如此工作的，并不总是觉得在工作中保持某种标准是必要的。

第二章　教学的目的

第六十二条

教学的最终目的虽然存在于德行这个概念之中，但是为了达到这个最终目的，教学必须特别包含较近的目的，这个较近的目的可以表达为“多方面的兴趣”。一般地说，兴趣这个词标志着智力活动的特性，这种活动应由教学引起，兴趣是不能仅以知识来满足的。因为我们认为单纯的知识是一个人完全可以缺少的一种储备，一个人似乎不会因缺少它而变样。反过来说，谁牢固地掌握着知识，并企图扩充它，谁就对知识有了兴趣。但是，因为这种智力活动是多样化的（见第六十条），所以必须有一个限定，这个限定就存在于多方面性之中。

第六十三条

虽然我们可以把间接兴趣与直接兴趣区分开来，但是间接兴趣越占统治地位的话，即使不导致个人主义，也会导致片面性。个人主义者感兴趣的仅仅是能带给他好处或坏处的一切。带有片面性的人总是朝着个人主义者接近的，尽管他自己没有发觉这一点，因为他把一切同他生活与思考的自身范围联系起来。他的智力就存在于这个范围内，凡是他没有兴趣作为实现他有限目的的一切手段，对于他的智力来说将成为一种负担。

第六十四条

在考虑德行的概念时，我们必须记住，虽然教学应当产生的多方面的直接兴趣还远非是德行，但是，反过来，最初的智力活动安排得越少，对德行的培养也就越少，特别是考虑不到德行培养可能具有的多样性。愚蠢的人是不可能有德行的。因此头脑必须得到激发。

评注：上面（见第十七条）已经提到，对于教育工作者来说，完善的观念在其余实践观念中比他必须看到的下一个观念早出现。对于这一观念来说，可以看到三点：各种智力追求的能量、发展与联系。能量通过兴趣这个词表达出来；发展属于多方面性；至于联系，就是一个紧接着一个。

第六十五条

与多方面性相反的，不仅是单方面性，而且还有分散性。德行是人的一种品质。多方面性应当是德行的基础，个人意识的统一肯定不会受到多方面性的损害。教学应当多方面地培养人，但不要起分散的影响作用；教学对于这样的人是不会起分散的影响作用的，这种人能不费力地全面操纵具有各种联系的系统知识，并能把它作为自己的东西牢固地保持下来。

现在必须对多方面性与兴趣这对概念作出必要的实际说明了。

第三章　多方面性的条件

第六十六条

多方面性并不能迅速达到，这是显而易见的。因为许多方面只能逐一获得，随之联合、概括与吸收（见第六十五条）。所以专心与审思必须交替进行。如同许多方面的掌握只能逐渐进行一样，许多方面的联合也只能逐渐进行。

第六十七条

有些教师极重视准确的与精细的分析，并让学生用同样的方式重复所讲述的东西。有些教师则宁愿用谈话的方式进行教学，并允许学生有许多表达的自由。还有一些教师首先要求学生了解主要思想，但希望他们确切地、按一定的关系去把握它们。最后还有些教师要等到学生能自觉地锻炼自己的逻辑思维时，才感到满意。

如此，可以产生各种不同的教学方法。习惯于主要用一种方法，而排斥其他各种方法，这是不必要的。我们宁可问一下：每一种方法能否有助于多方面性的培养？当有许多东西应当掌握的时候，就需要通过分析来避免混乱。但是，因为还需要把许多东西联合起来，所以这种分析可以以谈话的方式开始，继而提出主要思想，并在学生自己能作逻辑思考时结束。这就是：清楚、联合、系统、方法。

第六十八条

仔细的研究表明，这些不同的方法是不允许互相排斥的，倒是必须在每一个教学内容范围内按照一定的次序使它们相互联结起来，不管这范围是大是小。因为：

第一，开始学习的人只能慢慢地前进，以最小的步伐前进最为稳妥；他必须在每一点上作必要的停留，以便能确切地理解各点。在他这样做的时候，他必须把自己的思想完全集中在一点上。因此，对于最初阶段的教学来说，教学艺术首先取决于教师是否知道应把教学内容分解成若干极小的组成部分，以免不知不觉地越过了某些部分。

第二，关于联合问题，它不是单独发生的，尤其是在开始时不可能单独发生，只能是系统地完成的。在系统中，每一点都有它确定的地位，在这一地位上首先与离它最近的其他各点联合起来，但是同时又与其他远离它的各点分开一定的距离，并只能通过一定的中间环节与这些远离它的各点联合起来，这种联合也不总是相同的。此外，一个系统，不仅仅应当学习它，还要应用它，而且应当经常地在适当的地方增加新的东西使它完善起来。这就要求将思想训练得能从任意一点出发过渡到另外一点上去，向前、向后或向两边都行。因此，一个系统，部分是应当训练形成的，部分是应当在使用中熟悉的。训练在于联合方面，使用则在于方法的思考方面，后者在前者之后进行。

第六十九条

在教学开始时，只要视清楚各点为主要的事情，那么采用简短的、尽可能易理解的语句进行讲解较为适宜。而在讲解之后，立即让一些学生（而不是全部学生）确切地重复出来，这常常是适用的方法。众所周知，有些学校甚至让所有学生按节拍同时说出来，也并不是完全没有成果的。这种方法在对年幼儿童进行初级阶段教学中有时是适宜的。

自由交谈是联合的最好方法，因为学生可以从中获得机会去尝试作出偶然的联想，而这种联想对他来说恰恰是最轻而易举的，最不费力气的，同时可以获得机会去改变这种联想，使之多样化，并按他自己的方式掌握已学过的东西。如此，可以防止生搬硬套，这种生搬硬套往往产生于单纯的系统学习。

相反，系统要求更为连贯的陈述方法，陈述的时间必须同复述的时间明确地区分开来。系统通过突出主要思想使学生感觉到系统知识的优点，并通过较大的完整性增加知识的总量。假如系统陈述进行得太早，那么这两个优点就不可能为学生估计到。

学生通过作业、自己写作与修改可以得到方法的思考练习。因为这里可以表明学生是否正确地把握主要思想，同时表明他是否能在附属的事情中看出这种主要思想来，从而也就表明他能否应用它们。

第七十条

至于在这里谈到的关于教材的初步分析与逐渐联合的问题，这也多少适用于千差万别的教学内容与学科方面。但是必须根据教学内容与学生的年龄阶段作出多样化的、更进一步的限定。一般地说，暂时必须记住，教学承担管理所需要的各种活动的一部分（见第五十六条）。但是，教学中应考虑到，教学持续越久，就越会使学生疲劳，尽管这种疲劳程度在不同的学生身上轻重不同。同时，教学越使学生疲劳，它将比活动取得的成果越少。由此说明了休息与变换内容的必要性。假如学生确实对某些内容感到疲劳了（不仅仅是不感兴趣），那么我们必须尽可能先让这种感觉消失掉，至少让它有所缓解，再用改变了的形式继续教授有关内容。为了让时间充足起见，在某些情况下的系统讲述必须比基础的初步教学迟一步进行，而相反，基础的教学往往必须在开始阶段更早地让学生接触到，然后才考虑进行连贯的教学。某些教学应早早作好准备。

第四章　兴趣的条件

第七十一条

兴趣就是主动性。兴趣应当是多方面的，因此要求多方面的主动性。但是并不是所有主动性都是我们所希望的，而只有正当的和适当程度的主动性才是我们所希望的，否则对于活泼的儿童我们只需要随他们自己去，而不再需要教育他们，根本不需要管理他们了。教学应当端正他们的思想和努力方向，引其走上正确的道路。这样做，会使他们在某种程度上处于被动，但这种被动性不应当压制他们身上较好的主动性，倒是应当激发起这种较好的主动性。

在这里有必要从心理学上区别被唤起的与自由产生的想象。被唤起的想象表现在重复所学习的东西方面，自由产生的想象表现在儿童的幻想与游戏方面。仅仅引向死记硬背的学习，会使大部分儿童处于被动状态，因为只要这种学习继续下去，就会排斥儿童通常可能具有的其他思想。然而，在幻想与游戏中，自由活动占优势，因此在那种相应地提供幻想与游戏的教学活动中，自由活动也占优势。

我们不能这样来理解那种从心理学上作出的区别，仿佛通过这种区别可以产生两门必然保持彻底分开的促进各种想象的学科来。从那种因为不能自动产生所以必须唤起的想象中，可以通过逐渐地强化来形成自由产生的想象。但是，假如教学不慢慢地进行下去而达到这种强化，那么就不能指望形成这种自由产生的观念。

第七十二条

教师在教学中应当注意，他是否觉得学生的想象在自由产生。假如在自由产生，则可以认为学生是注意的，而教学本身是有趣的；假如不在自由产生，那么虽然不能确认学生的注意完全消失掉，同时在他们真正疲劳之前，还可以迫使它保持一段时间，但是产生了这样的问题，对未来的有关内容的教学是否能引起学生兴趣？

注意是教育中很重要的课题，因此必须对它作更详细的探讨。

第七十三条

首先应当把注意同觉察区分开来，但后一种概念在使用中具有双重意义。觉察什么意味着感觉到了那些隐蔽的或者几乎不能感知的事物。觉察是由内在出现的各种观念的强度引起的。自我觉察意味着铭记，就像在背诵时发生的那种心理现象。

通常意义上的注意就是一种增加现存观念的意向。这种注意或者是有意的，或者是无意的。有意的注意取决于决心，教师往往可以通过劝告或威胁来引起它。更值得期待，而且更卓有成效的是不经意的注意。它必须通过教学艺术来寻求达到。在这种注意当中包含着我们想要的兴趣。

第七十四条

无意注意又可分解为原始的注意与统觉的注意两种。后者是教学中最重要的，但是它依靠前者，对于前者产生的条件我们也将进一步探讨。

统觉或掌握是通过以前获得而现在出现的观念产生的，特别是（但不一定最出色地）通过自由升华的观念产生的。对此要作进一步的阐述（见第七十七条）。眼下已经清楚，原始的注意是统觉注意的先决条件，否则统觉观念就不可能产生。

第七十五条

原始的或最初的注意，首先依赖于感知的强度。明亮的颜色和高声的讲话比暗淡的东西与微弱的声音更容易被注意。不过我们不要从中得出结论说，最强烈的感知是最好的，因为它们会使人的接受能力迅速变弱，而弱的感知会随着时间的推移产生强的观念，与那种最初强烈地产生出来的感知一样。因此，我们必须在这方面寻找出一种可产生中等程度感知的事物。对于儿童来说，假如物体本身不出现的话，那么即使是一张该物体的图画，它所引起的真正感觉的观察也完全比单纯的描述更为可取。

但是，在这阶段，如果有相对立的观念存在于儿童的心目中，即使它们是由教学形成的，它们对于此时应当觉察的新事物也将起阻碍作用。假如教学太快地一个内容接着一个内容地进行，那么这正是造成学生不能清楚理解的原因。因此，对于开始学习的人来说，教师必须把一切内容讲精、讲细，要一点一滴地分析清楚，一步一步地前进，直到他们能够不费力地掌握为止（见第六十八条）。

注意的另一种障碍多半是暂时的，但不管怎么样也是很有害的。因为无论刚刚呈现的观念本身是否稳定，都会与原有观念有一种很大差别。长时间的讲说与念书比短时间的难理解，因为前者把许多思想激发起来，虽然它们有联系，但引起的思想活动不能迅速平静下来。如同在读书与写作时必须注意恰当地加标点符号那样，如同短时间讲课比长时间讲课更容易被吸收那样，教学必须分段，并有休止，以让学生有充足的时间花费在每一部分上；否则，堆积起来的思想拥挤到下一部分上去，转而又拥挤到再下一部分上去，以致产生一种使学生终于不再能听到什么的状况。

第七十六条

上述的四个要点是：感觉印象的强度；接受能力的保持；避免对业已存在的各种观念发生有害的对立；期待被激发起来的各种观念重新形成稳定性。假如我们在教学中同时注意所有这些要点，那么就可以发现，同时满足这几点是困难的。为了保持接受能力，我们不允许单调地教太久；单调会造成学生疲劳。但如果我们从这一内容过渡到另一内容上去，那么学生常常会觉得，这一内容同前面的内容大不一样，以致原来的思想还不愿退去。假如我们等待的时间太久，那讲述就会变得拖沓；假如教学不太多样化，那么就会变得乏味，学生就会想别的，于是他们的注意就会完全消失。

对公认为典范的作家进行研究，以学习他们如何避开在叙述过程中碰到的困难，这是很有必要的。我们尤其必须用家喻户晓的作家（例如荷马）的作品来为早期教学定调子。但讲述诸如荷马等作家的作品，这对于那些业已长大成人而不可能再降到低年级去的青年人来说，则未免太泛、太浅显了。但一般可以发现，凡采用经典叙述方式的作家，他们在叙述过程中不轻易跳跃，但也决不完全停留在一处。他们的描述几乎是在人们毫无觉察的情况下进行的，至少使人始终感到很自然而无唐突之处，并持久地牢牢抓住同一条思想线索，逐渐地向前演进，直到引出最显明的对照为止。相反，蹩脚的作家则毫无顾忌地堆积其刺眼的对照。而这只能获得这样的自然结果：对立的观念相互排斥，并使人精神空虚。一位想通过五彩缤纷的讲述来炫耀自己的教师，将令人担心会有同样的结果。

第七十七条

尽管统觉的或者说理解的觉察（见第七十四条）不是儿童最先产生的觉察能力，但它在幼儿身上已表现出来了，当他们在那种通常对他们来说不能理解的成人谈话中听到个别熟悉的语句并大声重复的时候，当他们稍晚一些在阅读图画书时用他们的方式讲出熟悉的事物的名称时，当他们在书中找出个别与他们的记忆相联系的名字时……这样的例子是不胜枚举的。我们在这里可以发现，各种观念突然从内心冒出以便同刚才提到的类似观念结合起来。在任何教学中，恰恰是这种统觉必然会在不断的活动中产生。因为教学只需传授话语，讲话的意义赖以存在的有关观念必须从听者的内心中产生。但是，话语不仅要让人理解，而且要有趣味。这样就可能产生较高程度和较容易发生的统觉。

一般人都喜欢的诗歌，其作用不在于它教给人什么新东西。诗歌描绘人们已知道的事物，[①] 说出每个人都感觉到的东西。它们唤起现存的观念，扩大这些观念，使其诗歌化，从而达到条理化，并得到强化。相反，在把错误（例如，印刷错误、讲话错误、不正确的描绘、错误的音调，等等）统觉起来的时候，就会在观念系列活动过程中产生干扰，使它们不再能恰当地编织起来。由此可见，教

① 当荷马与索福克勒斯作诗的时候，特洛伊人与底比斯人的历史无疑早已众所周知了。最伟大的诗人总是选择各种历史故事作为素材的。

学应当如何进行，它应当避免什么，以便引起学生的兴趣。

评注：统觉觉察对于教学来说是如此重要，因此在这里还应对此作些补充说明。观看、感觉、倾听和摸索等词表明这种觉察的最高程度，这时对被观察的对象的观念已经呈现在意识之中，其中也包括了觉察所期待获得感知一级的观念。这种觉察依赖于随后产生的感知及其对立面，依赖于联合与再现。这种感知可以不受阻碍地影响受它们支配的心理状态，因为这时异样的感知已离去，并且离得远远的。我们应当从这种最高程度的觉察方面回过头来谈谈较低程度的觉察问题。在这种觉察中，对事物的观念还没有形成，或起先还没有呈现出来，因为这种观念首先必须自我再现，或得到更大的促进。问题是，这一点能否直接成功，或只能间接成功。如果是前一种情况，观念本身必须足够强烈；如果是后一种情况，观念必须充分地同别的一些得以直接激发起来的观念联合起来，同时再现的障碍必须加以克服。

假如统觉的觉察已经处在进行过程中，那么就应当加以利用，而不应当受到干扰。如果讲演是学生所期待的，则应继续下去，一直到使学生满意为止。间断必须明显地与任务相一致，一切都必须相互衔接起来。不适时宜的休息和外来的干预都会干扰这种觉察；同时，让不应当暴露出来的东西被觉察，这样的统觉也会干扰这种觉察。干扰因素包括过于频繁地重复一些话语、平淡无奇的说话方式、一切无的放矢的谈论，甚至不适宜的韵律、诗节与修辞等。

但是我们完全可以简单地避免这一切。当这种觉察的统觉快要结束时，觉察也就不活动了。我们应当寻找出一系列事物来让学生作总结归纳。

首要的规则是，在学生应当独立工作前就直接使他们投入到工作所属的思想范围中去。特别是在开始上课时让他们对即将要阅读或讲述的东西有一个简单的概貌上的了解。

第七十八条

教学使学生增加经验与交际（见第三十六条）。教学的这两个基础必须业已存在。假如它们不存在，那么我们首先必须扎扎实实地创造它们。假如缺少它们，这对教学是一种损失，因为这样学生就缺少思想，而这种思想是学生自己思考教师讲话所必须具有的。

如同经验与交际一样，早期习得的知识也必须通过以后的教学得到补充。但是，这是以整个教学的安排为前提的，即应当安排得使以后的学习始终能与以前学得的东西对上号，并能与之结合起来。

第七十九条

通常的教学很少关心学生已有的观念，只看到应当学习什么；只是当学生缺少注意力，并使教学进程因此停顿下来时，它才开始培养学生必不可少的注意力。这就是说，这种教学将通过鼓励或者更多地通过责备与惩罚使学生产生有意的注意（见第七十三条）。于是间接兴趣（见第六十三条）代替了直接兴趣，而由于学生注意的决心并不能产生较强的理解力，不能使已学的知识产生联系，因此这种决心不停地动摇着，并常常造成厌倦。

在最有利的情况下，只有当教学是彻底的时候（即符合科学的时候），基本知识才能渐渐在学生头脑中得到充分的巩固，从而为今后的岁月打好基础。这就是说，从这些基本知识中形成一个统觉的观念群，为今后的学习提供帮助。这样的观念群有许多许多，但每一个观念群都有单方面博学的特性。这里还要问一下：是否在这方面至少存在着一种直接的兴趣？因为，假如在孩提时代只注意牢记初步知识，到了学生时代才去激发这种兴趣，那么能激发起这种兴趣的希望并不大。到那时学生已开始期望未来的地位与收获，而考试也即将来临。

第八十条

可是我们不能忽视，即使通过最好的方法，也并非每个人都能充分达到最初的和统觉的注意的（见第七十五至七十八条），这就必须要求学生具有有意的注意，即决心。这方面不能仅仅依赖奖励与惩罚，而主要应依靠习惯与道德，因此在这里教学应同管理与训育结合起来。在各种学习中，虽然一开始不能完全没有强制，但主要应取决于学生是否不久自己就能感到有了进步。各个步骤必须非常明确与适当，易于实行，并要一步接着一步地慢慢进行。在这时，教学必须非常及时、恰当、严肃和有耐心。

第八十一条

要记忆的事物不管怎么说并非总是有趣的，即使是有趣的，记住它们也多半要求有意注意，因为自由升华的观念（见第七十一和第七十二条）具有独特的运动，这种运动能够超出事实通向假象。观察需要作自我控制，而有意熟记也同样需要自我控制。这就产生了一个问题：应当在什么地方指示学生进行背诵？

背诵是非常必要的，它在一切科学中得到应用，但它在任何地方都不能作为首要的事情，除非学生在不费力的情况下自己进行。因为，假如记忆新事物是费力的话（对这些新事物学生还不可能建立错误的联系），那么这表明，各个观念很快地被某一种阻力排挤出去，而彼此不能联合起来。因此我们首先必须谈论它们，研究它们，使观念的对象变得更熟悉，有时甚至必须等待较为有利的时刻。凡是要注意对各个观念做到清楚和联合的地方（见第六十七条及以下几条），它们就必须先行。假如观念从而得到了强化，那么背诵就较容易成功。

布置要背诵的句子不要太长，有三个生词已算是多的了。我们必须向某些学生提示背诵内容，否则他们就会老是从头开始，不久就结巴起来，并徒劳地试图继续下去。一个主要规则是改变起点，比如记名词 methusalem①，可以这样分开来说：lem—salem—thusalem—methusalem。

我们必须劝告一些学生，他们不应当试图很快地完成背诵作业。这方面取决于心理机制，它需要时间，学生自己如同教师一样不可能匆忙地获得它。一开始得慢慢来，然后再快起来。

阻止各种身体活动，这并不是始终可取的。有些学生通过大声朗读来学习，有些通过抄写来学习，有些则通过绘画来学习。在这方面有时也可以采用按节拍齐声说话的方法。

错误的联合是很令人担心的，因为它们会搅和在一起。严厉固然会产生很大的效果，但是假如完全缺乏对事物的兴趣，那么严厉则是一种错误，将使人根本学不到什么，而时间就这样流失掉。

某些人在背诵方面完全失败，糟糕的原因也许部分在于身体机制方面尚未清楚的特性。但是，原因也常常在于不正常的紧张情绪，他们陷入这种情绪中，勉强地尝试他们几乎认为不可能的事情。假如我们在学生刚刚开始学习时把学习说成是困难苦恼的事情，并且一开始就教无益的拼写，那么在儿童的早年采取这种不谨慎的态度就会导致这种紧张情绪。正如为那些轻易就能记住和背诵的儿童去寻找便当的办法乃是愚蠢的那样，谨慎地对待儿童也是必需的，因为还有些儿童，假如我们开始尝试让他们背诵，甚至只不过让他们复述某行句子，他们就会对学习产生厌恶情绪。及早地试验一下儿童是否能轻易地记住并复述指定句行，这是十分必要的。这种试验包括使儿童处于良好的情绪中，选择恰当的内容，并且只有在他们感到他们能够达到我们提出的要求的情况下才继续进行下去。在这方面提供的观察结果可以决定进一步的措施。

① methusalem（玛土撒拉），《圣经》中的老祖宗，活到 969 岁。——译者注

第八十二条

在认真地熟记之后还有一个问题：已学过的东西究竟能保持多久？撇开最熟悉的经验不谈，人们往往会把学过的东西与新的东西混淆起来。但是：

1. 事实上所学的一切并不需要始终保持在记忆中。某些已学的起到了应起的作用，因为它们为下面的练习作好了准备，并使进一步的训练成为可能。比如将几首小诗熟记一段时间为的是能进行朗读练习；背诵罗马作家作品的某些章节，以便较好地进行拉丁文读写。在某些情况下，知道如何寻找和应用文学辅助工具书对于今后岁月的学习已足够了。

2. 而假如应当长期地、尽可能永远记住所学的东西，而这些所学的东西又常常会忘记，那么只有一种不确切的应急手段，即不断地重新熟记它。但厌倦可能大于收获。这方面只有一种有效的手段，即不断应用的练习，那就是使学生自由升华的观念同他们真正感兴趣的事情结合起来进行。

我们应当按此随时选择有把握可以熟记的内容。同时为就要应用的知识选出必要的来记忆，因为过分堆积会加速遗忘。但是，教学中的许多东西如同经验中的许多东西那样，只要它们能激发智力，使它能够进一步活动起来，即使并不要求精确地记住它们，也会有作用的。

第五章　兴趣的主要类别

第八十三条

教学应当与经验产生的知识和交际产生的观念衔接起来（见第

三十六条)。经验的兴趣是直接与经验相一致的，同情的兴趣是直接同交际相一致的。对经验对象的进一步思考便形成思辨的兴趣；对较大范围内交际的思考就形成社会的兴趣。这里，一方面我们还可以补充审美的兴趣，另一方面还可补充宗教的兴趣，这两者与其说源于进一步的思考，不如说源于对事物和命运的静观。

第八十四条

我们虽然不能期望所有这些兴趣在每个人身上均衡地得到发展，但我们必须期望一大批学生具有这全部兴趣。每一个人越接近这样一种智育，即所有的这些兴趣受到同样程度的激发，那么就越能符合多方面性的要求。

第八十五条

上述六类兴趣是以两分法为基础的，这一点已在前面（见第三十七条）阐述历史主线与自然科学主线时提到了，在文科中学中的观察结果是与此一致的，即学生往往不是倾向于这一方面，就是倾向于那一方面。但是，假如我们因此像不少人所做的那样把历史的兴趣与自然科学的兴趣对立起来，或甚至用哲学的兴趣和数学的兴趣来代替前两个名称，那么我们就犯了很大的错误。在这些概念中产生的混乱是不允许存在的，它会对整个教学造成完全不正确的观点。人们极容易因为注视一系列本身存在于这六类兴趣中的单方面兴趣而导致概念混乱。因此，至少还可以更明确地把这方面应当加以区分的多样性兴趣分解开来，因为各种各样为单方面兴趣比六类兴趣所能表明的可以分得更细。

第八十六条

假如经验的兴趣在忽视其他对象的情况下来选择某一种经验对象的话，那么它在特性方面将变得片面起来。比如，如果某一个人仅仅想当一位植物学家，或矿物学家，或动物学家；如果他仅仅喜欢语言，也许只是古代语或现代语，或者只喜欢其中一种；如果他（如某些所谓旅行家）作为旅行者只想看看人们谈论得很多的地方，而看过便罢；如果他作为一个珍品收藏家仅仅追踪这种或那种爱好之物；如果他作为历史学家只了解一个国家或一个时代的知识；如此等等。

假如思辨的兴趣只是限于逻辑方面或数学方面（也许只是限于古代几何的那种数学），或只限于形而上学方面（也许只限于某一系统观点方面），或只限于物理学方面（也许只探索某一个假设），或者限于实用历史方面。那么这种兴趣从其特性上看是片面的。

审美的兴趣有时仅仅指向绘画、雕塑，有时仅仅指向诗歌（也许仅仅是抒情诗或叙事诗），有时仅仅指向音乐（也许仅仅是某一种音乐），等等。

假如一个人仅愿意与其同阶层的伙伴一起生活，或仅仅与其同乡一起生活，或仅仅与其家人一起生活，而对其他一切人都没有认同感，那么这种同情的兴趣将是片面的。

如果宗教的兴趣笃信各种教义与教派的差别，而贬低有其他思想的人，那么就会变得片面起来。

这些片面性中的某些是后来生活中的职业造成的，但职业不应当把人孤立起来。假如早已在青年时代就有这样的限制，那么职业就会把人孤立起来。

第八十七条

虽然还可以对片面性作更细的分解，但不需要借以来发现上述文科中学中的课程在为促进兴趣服务的教学内容中占据什么样的位置。按经验，在课程中语言安排在最前面，但为什么我们在这样多的语言中首先挑选罗马语与希腊语呢？原因显然是在此种语言编写的文学与历史方面。文学连同其作家与讲演者属于审美兴趣。历史可以激发起对优秀人物与社会兴衰的同情。语言通过这两者甚至可间接地对引起宗教兴趣发生作用。我们找不到更好的能激发许多不同兴趣的这种联合点了。假如加上对这种语言的语法结构的探索，那么甚至还会引出思辨的兴趣来。但是，历史课程不应局限在古代方面，文学知识也应拓宽，以便更全面地激发那几类兴趣。假如实用地讲历史，那么它将从另一方面促进思辨的兴趣。但在这方面，数学仍然是优先的，只是为了更有把握地入门和获得持久的效果，它必须同自然科学结合起来，而后者同时包括了经验的兴趣与思辨的兴趣。

假如这些课程恰当地合作，那么它们与宗教课一起起很大作用，使青年人的智慧获得符合多方面兴趣的发展方向。但假如我们想把哲学与数学分开来，排斥它们的联结环节，让任何一个人按他的偏爱选择其中一门，那么便会产生一些明显的片面性，这种片面性前面已充分地描述过了。

第八十八条

现在已肯定，高级市民学校恰恰也必须进行有关多方面兴趣的教育，即必须考虑兴趣的有关主要类型，如同文科中学一样。区别仅在于文科中学的学生并不面临以后必要的职业训练。因此市民学校偏重于现代文学与历史，不能给继续努力着的学生全面地提供多种智力活动的辅助手段。类似情况也适用于其他各种必须进行教育的低级学校（工业学校、综合技术学校则有所不同，简而言之，可以假定在这些学校中凡能进行的教育业已进行过了）。

因此，假如高级市民学校有一个正确的教学计划，那么我们可以像在文科中学教学计划方面一样，证明我们至少可以通过这种计划尝试防止很大的片面性，即在忽视那主要的六类兴趣中的某一类的情况下可能产生的那种片面性。

第八十九条

但是，没有一种教学能够防止在任何一类主要兴趣中产生的特殊片面性（见第八十六条）。假如观察、思考、美感、同情、集体精神和宗教崇敬有一次被激发起来了的话，那么即使在对象的某一种狭隘范围内，往往仍然应让个人并等待机会去进一步扩展各种对象的数量与种类。对于有才能的人，尤其对于天才来说，我们也许可以通过教学使其对周围有必要的了解，向他们指出，其他有才能者与天才在别的地方有什么成就，但是他们必须保持自己的特性，他们必须自己对自己负责。

并不是所有局部片面性都是同样消极的，因为并不是所有兴趣都在同样程度上相互排斥的。虽然任何一种片面性都会使人变得相当傲慢，但并不是所有的都在同样程度上倾向傲慢。

第九十条

在时间与机会有利的状况下，如文科中学与高级市民学校所具有的那样，众所周知我们可以不局限于第一种建议。而问题是如何继续来发展已激发起来的兴趣。这方面并不缺少教材，我们必须有所选择与整理。在这里，一般地说上述对于多方面性的条件与兴趣的条件的有关说明是适用的，那就是：从简单向综合发展，考虑无意注意的可能性。但同时我们不能掩盖需要与困难。

第九十一条

经验材料（语言、历史、地理等方面）要求观念的一定组合、顺序以及它们的交织。就单词而言，它们由词干和属于变化与派生的成分组成。而后者又由个别语音组成。历史有它的时代顺序，地理有它的区域交织。心理再现规律决定记忆与保持。

母语有助于对理解外语起中介作用，但是它同时干扰对外语的发音与对外语词汇的适应。此外，要持续很长时间后，少年儿童才了解这样的思想：那些现在与过去同我们说话不一样，而此时此地我们将关心起他们来的人，现在与过去都生活在非常遥远的地方和非常遥远的时代。教师方面最常见的，同时也是很有害的误解是，似乎因为教师的表达相当清楚，所以儿童就会理解，殊不知儿童的语言能力只能是慢慢地发展的。这些障碍是可以克服的。就地区遥远这一点来看，地理将有助于克服这个障碍。但是，平原地区的居民缺少山区的直观观念，而山沟里长大的人缺少平原的直观，大多数人缺少海洋的观念。地球是一个球，它绕着它的轴自转，又环绕着太阳公转，这些让儿童们听起来像是一个童话，并将长久地留在他们的脑海里。有些受过教育的青少年，他们对行星系学说产生怀疑，因为他们不理解人们如何能知道这种行星系的。我们必须清除这些障碍，不让它们不必要地积聚起来。对于历史来说，也许古代遗迹可以引起联想，假如要使早期青少年了解古代犹太、古代希腊与古代罗马的话，那么这种联想也许是非常丰富、非常遥远的。这方面只有那种能激发起非常活跃的兴趣的描述将有所帮助。这种描述将为想象早已消逝了的远古时代创造基点。但是还缺少对远古时代同我们时代之间存在着的年代距离的估计。这种估计只有非常缓慢地通过穿插讲述来获得。

第九十二条

在自然界，在人事方面，在语言构造中以及在宗教学说里，一般地说，凡可以让人认识或者还只是猜测到某种联系的一切，都可以用来锻炼思维，乃至激发思辨的兴趣。学生到处将碰到一般概念、判断与结论，甚至在最常见的场合、普通的计算和语法方面也如此。他停留在个别的、熟悉的和感觉到的方面，抽象对他来说相当遥远，甚至绘制给他看的几何图形对他来说也是些个别的事物，只有花力气他才能认识它们的一般意义。在他的思想中，一般是排斥特殊的，但反过来，熟悉的事物突出地反映在他习惯了的观念系列中，至于一般，他几乎只有用来说明这一般的语句。假如他应当作结论，那么他会失去关于其他方面的前提，我们必须一再地从头开始讲一遍，用例子来解释概念，把概念区分开来，联合起来，渐渐使各种句子相互接近。假如中间概念恰好在前提中融合在一起，那么联合一开始就是很松散的，这些句子就往往被遗忘，而假如我们不想使兴趣消失的话，我们不能老是重复它们，而不去激发学习它们的兴趣。

可取的是，在一段时间中将许多通过推论认识到了的东西遗忘掉（因为我们无法阻止这种遗忘），而今后通过别的途径再回到主要事实上来。假如在概念成为学习原理的对象以前，在把这些原理同一系列推论结合起来以前，初步的预备性练习已能够使学生在个别中看到一般的话，那么这种练习已达到了它的目的。在初步指出一般性的过程与系统地教授它们的联系之间不允许缺少联合（见第六十九条）这个环节。

第九十三条

虽然我们可以通过其他一些兴趣，也可以通过激发起来的情绪来引起审美的注意，但是这种注意本身只能在心灵相当平静的状态下发生，以使它能够确切地总结立体的美，能够追踪在相应的运动中相继出现的美。我们必须提供容易理解的对象；我们可以不去推动学生观察，但似乎应当驳斥不适当的意见，尤其是拒绝损害那种具有审美价值并值得钦佩的对象的行为。模仿——尽管开始是很不成熟的，包括临摹、跟唱、大声跟读和以后的改写，这些都是注意的标志。这种模仿可以予以促进，只不过不要加以表扬。在审美教育中自己产生出来的真正的审美热情，是很容易因受到激化而毁灭的。过多的要求是有害的。我们不要把属于较高教育阶段的艺术作品放到低年级去教，同时我们不应当强求学生作出艺术判断与批评。

第九十四条

同情的兴趣比上述经验的兴趣更加依赖于交际与家庭生活。假如儿童经常更换座位，那么他们间的亲近就会无处扎根。更换教师与学校也是有害的，因为学生会按他们的方式进行比较，而不能持久的威信作用不大，对无约束的追求会起反作用。因为教学本身必须经常改变形式，以致造成教师看上去是有区别的，所以这种教学越加不能消除这种糟糕的现象。但是，历史的教学应当让学生感到对历史人物与事件值得具有热情，这是更加必要的。出于这一对整个教育来说是重要的原因，我们有很多理由使历史编写得看上去不像年代表式的骨架那样，并特别要注意在儿童早期的历史教学中不应出现这种情况。整个历史以后对学生造成什么印象，这多半取决于这种早期的历史教学。

关于宗教教学，它必须如何使人感到对它的依赖性，如何希望它使人的心灵不至于受冷落，这不需要放在最先讲授。但是，历史教学必须同它合作，否则宗教教学就显得孤独，并会产生不恰当地干预其他方面教学的危险。

第六章　关于教学内容的不同观点

第九十五条

在各种不同观点中产生的各种有争议的意见，它们不仅涉及如何教学的问题，而且涉及选择什么来教与学的问题。假如有时一种意见获得优势，有时另一种意见获得优势，这样的变换不仅使教学赖以追求与进行的意图失去明确性，而且如果教学不按同样的计划开始与继续下去，那么学生也将直接因为缺乏一贯性而感到苦恼。

第九十六条

假定一位教师被委托去进行某一门学科的教学，那么他往往不进行教育学的考虑而制订他的教学计划。他认为科学已给了他这样的一个计划：他可以如何按照它的内容，一步接着一步地、适当地进行教学。假如要教语言，那么他就要求学生应当能会变格、变位，以便能够与学生一起来读某个作家的作品；在他讲解某个诗人遣词造句的特点之前，学生应当已懂得通常散文体的表达等等。如果要教数学，那么学生应当具有一般运算的完善技巧；在高年级，当必须用对数来计算那种公式之前，他们应当完全学会用对数来计算等等。如果要教历史，那么应当首先记住包含各种事实的年表框架；古代地理是教古代史的先决条件等等。因为我们从教学内容本身获得教学分段次序，所以直接按此进行教学的这种要求仿佛是非常确定的，假如学校招收新生入学，那么这种观点大体上是适用的。在学生被允许进入文科中学之前，他们应当学会读、写、算。在他们升入高年级时，他们应当已经达到了前一年级的教学目标。好学生就是那种符合这些规定并在其中学得很自如的人。这方面不考虑注意的条件，不考虑兴趣的逐渐进步，乃是上述这种观点的自然结果。

第九十七条

但还有另外一种结果以及随之而产生的另外一种观点。青年人感到遗憾的是：他们要忍受长期的劳累。于是就产生了各种疑问：我们是否应当教授会引起学生劳累的科学？将来是否有用处，这也是个问题。成年人忽视并忘记（这种忘记并没有造成明显的害处）自己曾含辛茹苦地学会的东西，这类例子是不胜枚举的。尽管有些例子与这些例子有矛盾，但不足以作出定论来。不可否认，有许多人，甚至有教养阶层的许多人，他们除了用习得的知识求得无忧无虑的日子以及社交活动以外，就无所他求了。同时不可否认，他们正是以此来判断其知识的价值的。这种情况通过激发不起兴趣的教学和不能把阴影从对青少年时期回忆中排除出去的教学是无法改善的。

第九十八条

一般我们可以正确地回答：青少年本来就必须有事做，因为不允许他们放荡不羁地成长；对于他们要做的事必须认真而严格地对待，因为管理（见第四十五至五十五条）不允许软弱无力。但是，尤其可以怀疑的是教学内容的选择。我们究竟是否能向儿童提供更有益的事情做？比如，我们赞扬古代语言，认为古代语言非常适合青少年学习，使他们有事可做，这样是否就是谴责其他科学的教学方法（对于这些科学我们仅仅是不知道如何教才能借以引起学生同样多的活动）？特别是有人主张采用现代语，认为它们也是一种可以进行读、写、讲、翻译和语法思维的语言课程。不过这里不能回答说，因为文科中学必须培养未来的官吏，古代语对于这类学校如同现代语对于另外一些学校一样有用，甚至必不可少，所以它们必须保留希腊语与拉丁语。因为，假如经典课程一旦被贬低到有用与必需的地位，那么就为最终还将提出如下问题的人打开了门：牧师要希伯来语干什么？执业律师及医生要希腊文干什么？

第九十九条

这种争论往往这样进行，仿佛所谓古代语是与现代语相对立的，仿佛前者不能容忍后者，而后者至少也像前者一样非常适合于进行完美的教育。事情被一些老教育家搞糟了，他们迁就学生，通过各种各样的谈话与游戏，而不是通过唤起持久与增长着的兴趣来使应当进行的学习为学生所接受。假如这样地把学习意图看成一件必然的坏事，并把那种使学生尝到甜头的做法视为使学习成为可以接受的手段，那么一切观念都混淆了，而青少年在这种松松垮垮的活动中得不到他们本来能够得到的收获。

但是，这里不能不提一下，假如使学生尝到学习甜头的做法在恰当的地方采用的话，那么还是应当给它留有机会的，这完全像医生手里的镇痛药一样，医生是非常坚信这种治疗法的优点的。假如一种完全戏耍式的行为排斥了严肃而彻底的教学，那么它是有害的，应受指摘的；假如有些教学虽不难，但看上去很难，那么往往有必要通过轻松愉快、几乎像做游戏似地向学生指出应当模仿的事情使学生进行活动。反之，无益的烦琐和拖沓将由于其造成的枯燥乏味甚至使最轻松的活动也归于失败。这一点往往适合于对少年儿童的教学与刚刚开始学习的学生的教学，例如希腊文的阅读或代数计算，等等。

第一百条

假如说这种争论有什么本质的争论焦点的话，那就是发生在这样的一种绝对假定上：究竟应当教授这种科学还是那种科学（见第九十六条）。教育性的教学不允许把这样的一种假定同要使学生获得智力活动这个目标区分开来。教学观点是由这一点决定的，而不是由纯粹的知识与收益来决定的。经验与交际是学生形成观念的首要的源泉。什么观念强，什么观念弱；教学中什么容易，什么难；什么能较早有所成就，什么较晚才能成就，这些都取决于经验与交际。好的儿童作品在儿童学习阅读时就借助这种源泉，并渐渐地扩展儿童的思想范围。只有在这时才谈得上这样那样的各种科学的教学。

第一百零一条

博物学、地理、历史等实科具有无可争辩的优越性和最容易联结起来的优越性。至少学生的部分自由升华的观念（见第七十一条）能够与实科相适应。植物收集、图画书籍、地图在适当应用中将起到它们的作用，对于历史课的教学，我们可以利用青少年喜欢听人讲故事的倾向。在教授各种外语以前，甚至在开始教授这些外语之后，应部分地从那些用这些语言写的旧书中选取一些故事；同时过去应真正地讲过这些语言，这往往是必须附带提一提的情况。

说明实科的益处是无益的。青少年的行动并不为了遥远的目的；假如他们感到他们能够做什么，他们就会激动起来，而我们必须使他们产生能够做什么的感觉。

第一百零二条

几何有另外一些联结的优点，我们新近才刚刚开始真正利用它。用木头和马粪纸做成的图形、绘画、铅笔、棒、可弯曲的铁丝、线、直尺、圆规及量角器的应用，乃至排成长短不一、并排或不并排在一起的钱币等等，我们可以随意展示给学生看，并同其他直观东西结合起来。我们可以从中取得系统的活动与练习。如果我们理解到具有**适当强度的感觉观念**构成了教学最可靠的基础，教学的成果取决于学生如何在内心形成空间观念的方式，那么我们便会渐渐地去这样做的。自然，那些永远以为空间是一种感觉形式，它以同样的方式存在于一切人的头脑中的人，是无法理解这一点的。如果一位实践教育工作者切实地重视经验的话，那么经验将教导他，情况与此相反，因为恰恰在感觉形式方面各种人之间千差万别。对几何结构的观念很少是自发产生的。我们往往会发现有些人对绘画掌握很快，即模仿事物的能力很强。

通过对算术概念的抽象来形成几何观念，这是容易的，不能视作多余，即使已完全开始进行算术练习时，也如此。

第一百零三条

两门经典的古代语对德语来说缺少容易联结的优点，而拉丁语具有这样的长处：它可以按照适当而最必要的进度为现代外语准备好教学基础。这就否定了过去常常从法语教学开始的做法。而反过来使拉丁语同法语联结起来，这难以为具有外语知识的人所同意，因为拉丁语中使用的法语往往会使人想不到教学拉丁语的其他外语基础。

古代语的长期教学工作使人明智地从儿童早期就开始这种语言的教学了。不能因为德国人不习惯拉丁语而得出结论，认为应当推迟拉丁语教学；而应当得到的结论是必须在儿童早期就慢慢地开始进行这种语言的教学。必须让孩子很早就听到外语的发音，以便减少陌生感。幼儿已很容易理解单词了。我们可以不久就教由两三个词组成的短句，但这些句子往往过一段时间就被忘记。我们称之为忘记的东西，并不因为忘记而失去。困难在于一大堆在长句子中堆积起来的外语特性；其次存在于从句、插入语、语序和时态结构的某些联结中。这方面不能忽视这样一个问题：等到儿童自己知道用德语来讲间接语，需要多长时间。他们的讲话在很长时间内只不过是一种最简单句子的纯粹排列。试图使他们比德语更快地掌握拉丁语，这将浪费时间，是徒劳无功的事情。

第一百零四条

从上述的论述中可以说明，教育性教学将更容易和更可靠地为使一些教学内容激发学生的智力活动服务，其他教学要做到这一点比较费力，并在有些情况下可能是徒劳的。因为实科较切合学生实际，数学需要进行一些直观教学，所以外语只能慢慢地引到真正的教学轨道上来。不过，这种区别并不很大，对于整个教学过程来说并不是绝对的，因此，如果我们有充分的时间，就可以对外语作一番认真的教育学分析。这种分析的果实将在今后成熟起来。自从一方面通过提高要求把弱智儿童从文科中学中排除出去，另一方面通过改善市民学校把那些决定不上大学的儿童从文科中学中吸收过来，以前那种反对把古代语作为学校用语的振振有词的理由正逐渐被排除。

第七章　教学的过程

第一百零五条

教学是否能正常进行，这取决于教师，同时也取决于学生与教学内容。假如内容不能赢得学生的兴趣，那么就会产生恶性循环的后果。学生将尝试摆脱教学，他或者沉默，或者给教师错误的回答。教师如急于要学生作出正确的回答，教学就变得有些勉强，学生的反感便会递增。教师本来能够给学生的帮助将对克服他们的反感与懒惰完全失灵，他便只能强迫学生思考、独立工作、作准备、背诵，还强迫他们把学得很差的东西应用到作文中去，如此等等。真正的讲授停止了，或者至少丧失了联系。这还表现在教师缺少本来应当讲授的恰当例子方面，缺少在读、想、写方面深入到内容中去的例子。而解释内容，说明内容并把它与熟悉的内容结合起来的这种例子，恰恰能使好的教学达到最大效果。教师应当举例子，学生应当尽可能模仿例子，教师应当帮助他们进行学习活动。

第一百零六条

教学过程或者是综合的，或者是分析的。一般我们可以把任何教学称为综合的，在这种教学中教师本人直接可以决定把所教的内容综合起来；分析则不同于前者，在这方面，学生首先表达他们的思想，然后在教师的指导下分析、纠正与完善这些思想。但在分析中，某些思想将得到进一步确定与区分。分析包括对经验的分析、对所学内容的分析和对意见的分析。综合包括一种模仿经验的综合，另一种有意把先前个别成分综合为整体的综合；而其中由于内容的不同便产生了某些差别。

第一百零七条

因为教学是以学生的经验为基础的，所以我们首先提出模仿经验的那种综合，并用纯粹提示性教学这个名词来标志它。而此外只有那种使先前个别存在的各种成分明显地产生综合的教学才称得上是综合的教学。

虽然纯粹的提示形式在应用方面是有局限的，却是很有效果的，它有助于学生自己进行观察，而主要的是它有助于教师进行细致的教学工作。谁能控制这种教学形式，谁就将极有把握赢得学生的兴趣。

我们习惯于要求学生作讲述与描写的练习，但我们不能忘记，这方面教师首先必须举例。虽然书面的故事与描写相当丰富，可是阅读并不像听起来那样有效果。栩栩如生的讲述能给人以启迪。在孩提时代，一般绝不应考虑安排许多阅读练习与持久的阅读，仿佛这是非常必要似的，或者要求非常流利地阅读，这就使阅读教学进行得太快了，太快地匆匆达到终点，或者停留在不恰当的地方，失去了联系。我们至多只能让训练有素的学生大声朗读。教师的自由讲授效果要可靠得多，但这种讲授必须是脱稿的，以便不引起干扰。

第一百零八条

这首先包括训练有素的口头表达能力。许多教师必须防止习惯的讲话方式，防止口头禅，防止发音错误，防止用根本不是语音的杂音作停顿，防止讲破句以及笨拙的插入语，等等。

其次，应对词语作这样的选择，使它们不仅仅说明内容，而且也使学生能够理解；同时作这样的表达，使它们适合各教育阶段的学生。

最后，要求确切地熟记教学内容。开始应当几乎一个词一个词地记，至少必须这样备课，仿佛我们现在正站在学生面前讲课，以后便熟记讲授的具体内容与措辞，以便在讲课时不必去瞟书本或小纸条。下面还要对此作一些详细论述。

第一百零九条

讲授应当起到这样的作用，仿佛学生在直接的现场看到和听到所讲述和描写的事物。因此，学生必须真正听到和看到过许多事物。这就提醒我们，如果学生的经验范围太狭窄，就必须通过带他们周游和给他们指点来扩大这种经验范围。这种教学形式仅仅适用于听得到、看得见的内容，因此，必须辅以各种图表等教具。

如果这种教学成功的话，那么这表现在复述方面，学生不仅能复述主要事件，而且大部分甚至能复述教师使用过的表达——他们比我们要求的记得更确切。此外，讲解和描述得很出色的教师可以在很大程度上获得学生个人的忠诚。他会发现，他们在纪律方面，表现得比较服从。

第一百一十条

巧妙的启示所起的作用似乎可以扩大学生的经验范围，而分析有助于使经验更有启发性。因为听之任之，这不是进行正常教学的教师的经验。这种经验并不遵循从个别出发渐渐发展到综合的规律，而是常常让人笼而统之地模模糊糊地理解事物和事件。因为经验的联合比个别化更早，所以教学的任务是把这种逆转纳入恰当的教学秩序中去。虽然经验能联合它所获得的一切，但我们要把这种业已存在的联合纳入教学工作中去（就像应当做的那样），以使经验到的与学到的相互结合起来，这包括通过语言使经验提供的积累获得原先缺乏的清楚与适当的标志。

第一百一十一条

现在先来谈谈对早期儿童的分析教学。为了理解这种教学的意义，必须考虑儿童的经验是怎么样的。他们虽然已习惯于在他们的周围到处张望，但是在他们心目中最强烈的印象占优势，活动的事物比静止的更能吸引他们。他们把整体搞得支离破碎，而不太关心它的主要组成部分的真正关系。他们不考虑为什么和有何用处等各种问题，在使用任何工具时从不顾及其用途，好像工具恰巧是为他们瞬间的念头服务的。他们目光尖锐，但很少进行观察，事物的真正特性并不能阻止他们按他们的想象来玩耍一切，并把一切当作他们认为的一切。他们接受各种类似事物的总体印象，但不把各种概念区分开来。抽象并不会自动地进入他们的思维中。

但是，这些见解和类似的意见远非同样地符合一切儿童，每个人之间存在着巨大的差别。一个儿童的主观性就是从他的本性开始形成的。

第一百一十二条

这方面立即可以得出的第一个结论便是，对于一所有许多儿童在一起学习的学校来说，其任务是使学生能较为一致地发展，为此要对他们原先积累的经验加以改造。但是，在这里我们的意图不仅仅是要求学生的一致性（这是何等值得希望的），而且就个别儿童来说，我们还应当使整个教学深入到他们的观念群中去。观念的联合我在前面已提到多次，这种联合要求我们不能让观念群保持原来那样不成熟的状态。有思想的教育家早已证明了这一点，而仅仅有教养的热心人总是一再对此产生错误判断。

尼迈尔在他广为流传的著作中有一章以“通过教学或理解力训练来初步激发注意与思维”为题论述了教学的特殊规律问题。这种理解力训练不是别的，就是初步的分析教学。他说：“一等儿童的年龄、健康和能力适合真正对他们开始进行有一定时间约束的教学时，对他们上的第一课就应当是在教科书章节的标题中标明的一课，这种课尽管可有许多不同的修正，但一直可以沿用到第九、第十学年，甚至还可继续沿用下去。但是，恰恰因为不能用简短的名称来给这一课定一个标题，所以人们在学校及私人教学的大多数课程目录中找不到这样的一课。值得尊敬的修道士冯·罗可夫①作出的不朽贡献就是使人们终于在国民学校中注意到了这一点。”

裴斯泰洛齐在他所著的《母亲》一书中曾经通过上述途径说明教学，但他不适当地局限在个别事物上。他的练习方式在一定程度上规定得比尼迈尔更明确。

第一百一十三条

首先必须使学生对周围事物的观念接近一致，特别是最强烈的印象（见第一百十一条）。这一点可以通过一致地再现事物形象来达到。

尼迈尔说：“在交谈中我们从直接能对儿童感觉器官起作用的各种事物出发，通过指点让他们说明这些事物的名称。然后我们再过渡到他们曾经看到过或感觉过而此刻不在他们身边的事物上去，同时让他们讲述此刻回想到了什么，借以来训练他们的想象力和语言能力。这方面的教材比比皆是，可以是教室中的一切，可以是人身上发现的一切，田野里、花园里、院子里的一切，动物、植物，等等，只要是儿童认识的一切。”

---

① 冯·罗可夫（Fviedrich Eberhard von Rochow，1734—1805），德国教育家、社会改革家。——译者注

第一百一十四条

假如没有什么害处的话，下一步可以是：讲述某一个整体分割成的各主要部分，这些部分的相对位置、它们的联系与变动。与此相联系，还可讲述这些事物的最简单的用法，并提醒儿童，如何使用才不会损坏它们；提醒他们，必须如何保护与爱惜它们。事物的量、数目、大小、形状和重量等同样可以在这里让儿童接触并进行比较。

这一切还不足以把观念提高到清晰的程度，并为未来的抽象思维作好准备。首先必须让儿童通过寻找各种事物的特征来给它们取名，然后倒过来，先提出这些名称，再按事物可以归属的名称把它们归总在一起（裴斯泰洛齐就是作这样区分的，这对抽象思维作准备是很重要的）。这时学生会自己提出比较和区别，有时候还会提出作更仔细的观察。如果我们追溯到作为认识源泉的经验，便可使幻想造成的曲解得到纠正。

第一百一十五条

在余下来尚需要做的事情中，最重要的是较长时间的概观，对事物，包括对其人为的与自然的根源的概观。这样我们尤其可以获得这样一些基础性知识，它们一方面包括最容易的工艺，另一方面涉及人之间的交际，并且，今后在它们当中产生出博物学与地理的联结点。但是，在这方面还必须通过谈论当时人们还没有的现在的设备与工具，还不知道的今天的手艺，还没有从遥远国家输入的东西的那些时代，借以进行初步的历史教学（尽管那些时代我们还不能讲得一清二楚）。

第一百一十六条

假如对这里描述的教学并不通过安排确定的课来进行，那么这还不会导致这种教学完全缺漏的结果，因为它可以与其他各种活动交织在一起进行，特别是大多数都可以与最早进行的德语课中儿童作品的讲解结合起来。不过作为附带的事情往往会遇到受忽视的危险，至少得不到充分的重视。

然而不应忽略的是，在学校中安排一些分析教学课之所以难，是因为教学进度的快慢很大程度上取决于学生具有的思想积累和他们表达出来的意愿。正如尼迈尔特别强调的那样："儿童在这里不知道什么是拖拉。"但他又立即补充道："但是，假如太快地从一处跳跃到另一处的话，他们便会很容易被惯坏的。"如果在学校中由于课堂上提供的教材太丰富，以致省去了学生自己通过回想来收集这些材料的力气，那么也会产生这种或类似的被惯坏的态度的。因此我们始终应当用几课时或几周来进行初步尝试，穿插在德语课中进行。

在由家庭教师进行的私人教学中不存在这样一种疑虑，他可以充分地观察学生所具有的思想积累，借以制订初步分析教学的计划。

第一百一十七条

下面回过头来再谈谈其他形式的分析教学，即作为复习与书面作业批改的分析教学。教师对业已讲授过的并已经给予辅导过的知识，总是期望在学生的复述与作文中重新有所发现。在必要时他必须对发现的情况作出分析与纠正。

但在复述中容易产生一种非教育学的误解，这一点是由上述的糟糕事情（见第一百零五条）引起的。这种误解就是把复习与考试混淆起来了。就它们本身来看，复习与考试是迥然不同的。假如教师能肯定学生的注意力很集中，同时肯定他们已理解了的话，那么为了使他们能更好地记住，可以把已经讲授过的内容再讲授一遍，而不用让他们来复述。这里便不存在分析教学，也不存在与考试类似的做法。但在大多数情况下，可以要求学生复习已记住的东西。这种做法容易给人一种印象，仿佛指望他们应记住一切似的，而确切地说，在考试时也不曾要求这样做。主考者要考查学生知识水平，了解他们真正掌握得如何；但复习是为了强化与丰富知识。考试之后总要对学生作一番表扬或责备，而复习与这两者无关。

因为复习以及与此类似的练习占了较大部分的教学时间，所以值得作进一步的说明。

第一百一十八条

假如有许多观念得到重复，那么它们不仅得到强化，而且会在它们之间产生抑制，如果它们是对立的，那么它们的联合在再现时产生的阻力比在最初接受时小。联合不仅在发展，而且也进一步趋向平衡。这就是说，较弱的观念比强的观念保持得更好。其次，假如使一系列连续的观念得到重复的话，那么在这一系列中，前面的观念在后面的观念出现之前对后面的观念起再现的作用，而重复越频繁则这种现象越突出，与此相联系的是再现越熟练，速度也就越快。但这种心理过程很容易受到外来思想的干扰。

我们假定，教师作了一次有目的的讲授，讲授时间不比学生能适应的长，也许只有几分钟。他可以自己重复一遍，但为了防止学生接受别的思想，可以要求学生重复一遍。假如学生未能重复出来，那么，这表明此刻正是帮助他们的时候，也就是自己来重复一遍。但常常出现的情况是，他们记住了这一些，忘掉了那一些。这时的关键在于支持学生自己冒出来的观念，而不是去干扰这种观念。对他们的提示既不要太多，也不要太少，既不要太快，也不要太慢，而要恰到好处，以便尽可能使学生的思路接近讲授的正确思路。假如达不到这一点，那么复述就不能起到应有的作用，达到所要求的联合与熟练程度。复习往往会没有结果，而且会产生疲劳与错误的联合，这是非常令人担心的。假如学生没有被激发起来，那么眼下这一次的教学必须慢慢地进行；在学生缺乏兴趣的情况下，是不能把他们引入正确轨道的。如果教师在复习中显得不灵活，那么在一段时间之后将感到学生的回答不全，他们没有获得正确的思路。

第一百一十九条

我们已经在前面提出了可以作为范例的有目的的讲授（见第一百零五条）。这种目的性也许已体现在一些话语中，那么在复习时的用语应当与这些话语保持相近（但是不要拘泥于小事上）。然而，真正的目的性常常寓于思维结果中，因此我们在复习中便可以更换话语，并且，在开始时，如果学生用他们自己的语言来复述，即使所用的语言不太恰当，也应当表示满意，因为这样可以验证他们是否已经理解。但嗣后始终还须对他们的思维特点加以注意，复习应尽可能有联系地使这种思维特点得到修正。

第一百二十条

假如以后将要对业已完成的教学全部进行复习，这情况就另当别论了。假如过去为了清楚起见，一点一点被分得很开（见第六十八条），假如同时已注意到了几种联合（通过交谈，或在别的课上偶然提到，或通过学生自己经验，见第一百十条），那么现在的复习首先是为了把散开了的紧紧地集中在一起，然后达到系统化，同时也常常为了能教得更完全，可用较难的补充较容易的。这方面讲授本身发生了变化，现在要达到更高阶段了。在这一较高阶段多半也需要复习，这种复习可紧接着讲授之后进行（或者也许可安排在下一课进行）。

第一百二十一条

在这个复习阶段，可以通过压缩与添加内容来对过去的教学加以修正，这时应当考虑：什么样的联合形式适合事物的固有特性，并适合于应用，与此相应，学生的观念应当组成什么样的系列，应当如何交织起来。无论如何，这与其说是讲授的任务，不如说是复习的任务，因此讲授时每次只能讲若干系列中的一个，并且假如要接着讲授另一个系列的话，这时讲授早已过渡到复习阶段去了。

例如，在复习中，讲博物学时要分门别类；讲人类史时要同时讲人种学；讲文化史时要求联系其他方面；讲地理时，我们应讲解每一个引人注目的城市，从各种方向确定其方位，而临江城市则要指明江河流域与山脉走向；在复习数学时应注重每条定律的应用，但是对定律的验证也应予以一定重视；复习语法规则同样也应随时注意使用，但同时最迫切需要的是使学生完全掌握语法，对于他们要查阅的每一条语法，他们都要知道应当到哪里去寻找。

知道在复习中如何巧妙地适应多种联合形式的教师，并不始终是最懂得在系统讲授中突出主要思想并把次要思想联结起来的教师。

第一百二十二条

通常必须从学生熟悉的各点出发推动他们进行复习。另外必须适应他们的思维过程。进行复习的教师不能依照完全固定的计划行事。作必要的纠正，这工作需要持续一段时间。被纠正的认识常常必须是指明方向的一个新的联结点。有时候必须给学生以自由，让他们自己去确定，哪些是最需要复习的。这样他们便会接受一种属于他们自己的责任，更加要求补学所缺漏的东西。

第一百二十三条

书面作业的批改同样也属于分析教学。但是，假如太早要求学生做书面作业就会得不偿失。学生在写作时压缩着他自己的观念，假如他有什么错误，而这错误又困住了他，那么他就会因此而变得消沉起来。我们必须预先观察，在作口头更正和朗读作品时，我们是否对他的注意的信任超过了这种注意能够起到的作用。假如常常出差错，假如错误百出，那么所有错误就显得无所谓了，学生就会消沉，错误将使学生失去勇气。因此，假如学生能力较弱的话，只能布置很简短的写作作业，甚至宁可不布置，除非我们通过其他形式的练习已经较有把握这样做了。有的教师为了在学校中省力而布置家庭作业，这完全想错了。不久他会感到更费力。

有些教师相信，与其布置简短的作业，宁可布置很容易的作业，而且为了使学生容易完成起见，把一切都尽可能详细地作了示范（提纲与短语提示）。这就搞错了。假如写作应当有一个目的的话，那么目的就在于促使学生去尝试自己在没有教师的情况下能做些什么。假如学生进行这种尝试，那么教师不应在这时进行各种各样的示范来干扰这种尝试；而假如学生不进行这种尝试，那么这表明进行这种尝试还过早，我们必须等待或削减作业量，可以把它缩短到要求写三行为止。因为独立地写出三行要比照示范写三页强。在我们获得衡量学生真正能力的正确标准之前，由于牵着学生走所造成的对他们作业能力的错觉可能要持续若干年。

第一百二十四条

假如我们在学生写作以前口头帮助他发展思维能力，情况就会完全不一样。对学生作口头分析，这在青少年时期显得特别重要，但关键是学生应当公开发表他的意见。如果这样，那么就有了交谈的话题，在这交谈中如果越需要依靠教师去纠正学生，那么就越能防止师生间产生尖锐的矛盾。但教师不谦虚地随便插话打断学生，那情况就不同了。

自己选定的话题远远优于教师布置的话题，只是不要指望多数学生会自选话题。但是，假如让学生自己选定话题，那么这种选择比进行谈话更有助于了解在学生中间传播的意见，了解那些不仅由学校，而且由经验给学生留下的印象，此外可以更明确地体现写作者的个性。假定每个教师宁愿了解自己在学生中的反映的话，他必须为看到这一点有所准备。假如他要把他自己的意见修改到学生的作文里去的话，这是无济于事的。他不可能把这种意见变为学生自己的意见。但是表述方式是可以修改的。如果要使纠正学生的意见取得成功的话，也许利用另外一些机会将会有所帮助。

第一百二十五条

对于真正的综合教学（见第一百零七条）来说，我们可以从这样的前提出发：在整个青少年学习时期单纯提示的教学和分析教学凡在合适的地方都对他们产生了帮助。否则能否有成果，尤其是学过的能否与生活经验融合在一起，将始终是一个疑问。综合教学应当提出许多新的、陌生的东西。新鲜事物的普遍吸引力在这方面必须同习惯上的勤奋与对每一种教学内容的独特兴趣共同起作用。

不仅今天常常讲到的意大利、希腊和远东的许多事情，而且在当前广为传播的自然知识，都不能不让早期青少年也能略有所闻，这可以防止他们对教学不感兴趣或产生反感。这种教学知识在半个世纪以前还被作为某些与生活不相干的东西来看待。目前已不难把学生的好奇引向遥远的地方，甚至过去的时代，特别是当附近有珍品与古董搜集品的时候。假如不同时宣传有关学习必要性的意见，那么这样的吸引力是不能长久地抵消学习的劳累的。这里，学校的，特别是文科中学的合理的要求将有帮助作用。家庭也将影响青少年的勤奋，好的管理与训育容易使学生产生学习的意志。要使学生具有真正的科学追求，并在考试以后还起作用，这是不那么容易的，这就使我们回想到多种兴趣方面（见第八十三至八十四条）。假如兴趣已不再是教学的目的，那么我们必须把它视为唯一的一种手段来巩固我们的努力结果。

虽然兴趣一方面取决于人们所不能创造的天生能力，但另一方面却取决于我们所提供的教学内容。

第一百二十六条

综合教学应提出能够保证持久的和从本身出发向四周发散出去的兴趣的那种内容，那种只能短时间内使学生满意，具有轻松愉快性质的内容是不值得重视的，不能用来决定教学计划。那种孤立的，不能使学生持续地去钻研的内容则更不能推荐了，假如我们越是不能确定学生个人主要倾向于什么样的兴趣的话（见第八十三至九十四条）。而那些以某种方式打动学生心灵，能够以其方式把每个学生激发起来的内容，应当得到优先考虑。我们必须把时间留给这些内容，较长时间地努力钻研它们，然后才可能希望它们以某种方式产生影响，并可以发现它们在这个或那个学生身上赢得了什么样的兴趣。而假如探求的线索不久就扯断了，那么值得怀疑的是，这些内容是否有某种效果，特别是是否有一种持久的印象在学生心目中留下来。

第一百二十七条

假如对教学内容已作出了选择，那么当然必须按照其特性来进行教学，以便使青少年能够掌握它。一般地说，在由此引起的探求活动中，应当采用这样一条众所周知的规则，即先易后难，特别是先教可以简化的，后教那种无基础知识就没有把握能被学生理解的内容。不过在这方面要求极严格的话，往往会使学生失去兴趣。运用基础知识的熟练技巧，学生比较迟才能获得，而且并不是不花力气就能获得的。假如学生的熟练技巧能发展到这种程度，即当学生运用这种熟练技巧时教师的辅导不但不会有什么妨碍，反而有助的话，那么教师必须对此感到满意了。完全铺平道路使跳跃不再有必要（见第九十六条），这意味着考虑教师方便，而不是学生的方便。青少年是喜欢爬和跳的，他们不轻易循着完全平坦的小径走。但他们害怕黑暗。因此必须明亮，这就是说必须让事物在他们的眼前这样地展现出来，在他们前进时他们能感知下一步，即感知到他们正在接近遥远的各点。

第一百二十八条

关于教学内容的次序这一点，我们首先可以把它分为基础知识与熟练技巧。显而易见，业已获得的熟练技巧只有在很长时间应用之后才能巩固到不再被遗忘。因此，从它得到应用时开始应不断地使它得到训练。而那些已使人疲劳的纯粹基础知识在它们被熟悉之前允许遗忘掉。为了使今后重新学习变得容易起见，可以充分放慢学习的步子（见第九十二和一百零三条）。这就是说，为了以后建立教学次序，基础知识的教学可以没有决定性的基础，但熟练技巧也许要有这种基础。对非常必要的基础知识，例如基本语法、算术、几何，要有目的地择其最容易的开始教学，要先教内容，后教应用，对各种内容加以详细说明（见第六十八和六十九条），直到学生清楚地理解为止，但有时可将各个部分联合起来加以说明，尽可能不要使学生疲倦。即使背诵的初步尝试可能会成功，但还是不要指望它，宁可把这种尝试搁一段时间进行，这样较为稳妥。以后可以从头开始，而不要求记住什么。但是可以使学生更多地接受教材，注意各部分之间的联系。理解越费力，前进应越小心。当应用的时间到来时，应当要求认真努力，但是只能布置适当的作业，不要通过严厉的手段把要求推向极端。并非所有人能够做到一切的！有时候，只要某些事情在早期不变糟，那么以后会成功的。

第一百二十九条

其次，统觉注意的某种能力（见第七十七条）是适合在教学业已达到的任何阶段培养的，应当仔细考虑这种能力的培养，因为我们应当利用能够容易进行这种培养的时机，以便借以间接地使通常困难而花时间的工作变得容易起来。

我们应当把穿插与继续教学区分开来，把这种区别与那种自由升华和提高的观念（见第七十一条）联系起来。在已知的各点中穿插比继续容易，因为继续部分只有它的开端才与已知点相衔接。在自由升华的观念之间的穿插，在通过我们把学生带到某一思想范围中使他自己想到某些事物之间进行这种穿插，是最容易取得成功的。只有经过费力的回忆才能使观念升华的穿插教学继续下去是最难的，而且没有成功的把握。在这两者之间，一方面是向许多被提高了的观念进行穿插，另一方面是结合自由升华的观念去继续。不言而喻，在这方面还可以分出许多层次。

很熟悉其学生的教师可以充分利用这种区别。这里仅仅谈了最一般的道理。

对于实科与数学来说，假如适当地注意了同经验范围较容易联结的长处（见第一百零一和一百零二条），那么我们便可以在这里期待学生出现自由升华的观念了。关键在于早一点使学生获得一些与这些观念相适应的要点，以便在以后能在它们之间插进别的内容。

语言教学的困难更多一些。虽然德语是儿童自己的母语，他们原来已掌握了一些有关知识，因此通过统觉与在熟悉的东西中穿插一些新的东西他们会在德语学习方面取得进步，但对外语学习来说，起初会与母语纠缠在一起，所以在这方面只有当他们已经掌握了一些外语知识后，统觉与穿插才有可能。而只有在这种知识有了很大的增长后，才能出现自由升华的观念。假如通过新的观念，特别是通过单纯地继续接受新的观念来加重被提高了的观念的负担，那么毫不奇怪，将会出现一种有害无益的混乱。

无疑，这就是为什么有一种尝试注定要失败的原因，这种尝试是撇开语法而从应用中教古代语言，就像我们到外国去想轻易地学习那里的语言一样。谁在法国学习法语，谁就可以看到各种人物与行为，他容易猜测，什么与他有关。这种统觉显然通过自由升华的观念发生，语言与这些表象混杂在一起，而不久语言本身为统觉和穿插作好了准备。而我们首先必须给古代语言以语法的支撑点，主要是变化标志、代词与不变化词语。谨请不要在一开始就立即大量地教授语法，仿佛它们不需要支撑点似的。最必需而且经常要应用的，则必须放在首位。但最糟的是一开始进行快速阅读，在未巩固的情况下把教学继续下去。

可是有一个条件，在这种条件下快速的阅读也有好结果，那就是内容能引起浓厚的**兴趣**。

第一百三十条

假如读者的思想匆匆掠过字眼，而往往了解了意义，那么所要求的统觉就会通过自由升华的观念连同猜不到的内容的穿插而产生。但是这有一个条件：所阅读的这本书对读者来说具有有利于阅读的一面。因此在语言教学中必须非常仔细地挑选书籍，并按照内容对它们作出说明。

这种阅读工作不应当受到语法方面的影响，但只要有必要的话，也许有时必须从语法方面着手，有时在阅读时加以补充，有时在适当的间歇得到穿插，并练得越来越熟。书面练习可以在另外场合进行，它与语法有另一种关系。

对作家的兴趣在很大程度上取决于历史知识的准备，在这种关系中不应当无视哲学与所谓实科的联系。

第八章　关于一般教学计划

第一百三十一条

假如许多课程都应当为克服许多障碍这样一个目的服务，也就是应当考虑到高等阶层、中等阶层与下层的各种人，那么要牢牢地盯住这个作为固定目标的目的本身始终是困难的。此外在教学方面有这种情况，没有一个教师是能够单独进行全部教学的，也就是说要考虑许多教师相互依靠。但是正因为如此，教学计划要根据各种情况设想到各种差别，从而应当突出一般目的，即把多方面的、尽可能平衡的和结合得很好的兴趣（智力的真正发展）作为一切详细的教学过程的目的放在首位。

第一百三十二条

教学完全不允许超过条件所能忍受的时间，以使青少年能保持他们精神焕发的状态。这不仅仅是出于对健康和身体强度方面的考虑，而且还有另一个原因，即必须考虑到，旨在使学生保持清醒注意力的种种教学艺术与努力会由于学生的烦躁情绪而告失败，而这种烦躁情绪是由于学生长时间坐在那里和强烈的精神紧张造成的。即使纪律可以要求学生有意注意，但这种注意对教学不合适。对于每一所学校来说迫切需要的是，不仅要设置一个具有宽敞的教室的休息场所，而且要有一个提供休息的自由活动场地；迫切需要在每一课后安排一次课间休息；在头两节课后允许学生户外活动一次；如果有第四节课的话，在第三节课后应再允许学生进行一次户外活动。更加迫切的是不要让布置的家庭作业剥夺了学生必要的休息时间。谁如果认为通过布置大量作业可以取消那种也许未必有用的家庭监督的话，那么他是在用肯定的和普遍的弊病来代替不肯定的和局部的弊病。

新近许多非常尖锐的抱怨就是由于忽视了对此的注意而产生的。由于类似的理由，各种抱怨一再出现，通过紧张的体操训练无法消除学生的这种抱怨。这种抱怨使教学陷入受限制的危险，在这种限制的情况下教学不可能保持内在的连贯性。

第一百三十三条

属于教学的时间是不应当分散开来的。一周两课时教这些，两课时教那些，每次与下一次隔开两三天，这种做法是过去根深蒂固的陋习，这样不可能形成讲授的连贯性。假如教师愿意忍受这一切，那么学生无疑也得照样忍受这一切。

教学内容必须更换，以使每一种内容都有连贯的时间。不能把整个学期留给任何一种教学内容，我们往往必须安排较少的时间来教它们。

教学内容不应当按照学科名称分割开来。谁如果想把几课时用于希腊和罗马的古代史，几课时用于神话（在几课时阅读古典作家的作品之后），在高年级几课时除了用于德语教学之外，还用于科学百科，几课时除了用于代数之外，还用于解析几何，那么他就把应当结合起来的内容割裂开来，并把时间分散了。

时间的节约基于良好的方法，基于讲授的熟练与复习的巧妙安排。

第一百三十四条

假如成长着的年轻人能自己进行一些阅读与活动，他们自己选择做他们乐意做的事，按他们的特点来发展自己，那么这是很有价值的。但是使人疑虑的是要求学生在学校中对此作汇报。平庸的头脑不应当出于虚荣心去模仿那些不适合自己做的事情，广泛的阅读应以不损害感情与思维为宜。博学的广度与深度并不一致，前者不能代替后者。有些人可以练习美术而不进行阅读，有一些则为了谋生而很早就从事教学活动，他们是后来才到教师那里去学习的。

教学计划本身必须包含课程的本质联系，而不依赖于附加读物。

第一百三十五条

教学计划应当从头至尾都均衡地考虑兴趣的所有主要类型。经验的兴趣无论在什么地方都是最容易产生的，但同情的兴趣始终是由宗教滋养起来的。在这方面，历史教学如同哲学课一样有助于宗教课。美育一开始依赖于德语课。除此以外，最好要安排唱歌课，它同时也有益于身心健康，以后可附加古典作家作品的教学。分析教学、语法教学、数学教学可以从不同的方面保证思维受到锻炼。最后，历史教学由于具有实用性也会产生这种作用。我们应当随时随地去谋求课程的这种配合作用。此外，必须选择作家，对他们进行讲解。

第三部分　训　育

第一章　训育对管理与教学的关系

第一百三十六条

训育将注意到学生的未来。它基于希望，并首先体现在耐心之中。它起缓解管理的作用，否则管理也许将通过较严厉的手段较迅速地去达到目的。它甚至可以在教学造成个体十分紧张的情况下起缓解教学的作用。但是，它也可同管理和教学这两者结合起来，使之容易进行。

训育本来仅仅是一种尽可能友好对待学生的亲密行为。在这种行为中存在着成人对学生愿望与讲话的理解，而学生是在其教育者这些陌生人中间（和在关心其教育的家庭里）寻找他的支持点。但是，训育只有在需要帮助的时候才有作用，尤其是对学生本身的弱点与缺点起作用，这些弱点与缺点有可能使教师寄托于学生的希望成为泡影。

第一百三十七条

训育要求彬彬有礼的行为，它促进快乐和谐的自然气氛。这两者在某种程度上可以与那些从管理与教学出发的活动统一起来。我们应当使学生始终盯住他所探索的事物，假如他们一味只想表现自己或追求玩乐，而将工作置于脑后，那么，这是很糟糕的。

出色的教育者喜欢在学生没有表现出对立情绪时，对之表示亲近，使之感到快乐。这样便减轻了监督的负担。如果任何时候都能说话和蔼可亲，那么就可以防止使用任何较严的手段。

第一百三十八条

教育者并不把那些与教学相适应的进步看成无所谓。他个人的同情或者关心，与那种或多或少在学习中已被激发起来的兴趣共同起着非常强烈的影响作用，但假如学生缺乏兴趣，或者甚至产生了厌恶，那么这是不能通过训育予以弥补的。

第一百三十九条

训育始终像学习方面的兴趣一样不能以学生良好的意志作为前提，但是训育必须具备的前提是：管理不是软弱的，教学是不差的。假如这方面有缺点，那么哪里存在缺点就必须在哪里加以改进。假如青少年以为他们能够而且被允许做他们想做的一切，以为可以把他们的进步不全归功于教师，那么教师的任何亲密行为就谈不上有什么成果，而且徒劳的尝试只会使弊病变得更糟。

第一百四十条

在有些情况下会把训育同管理混淆起来，以致几乎无法区分它们。例如在一些教养院里就是这种情况。在那里，对许多学生进行集体军事训练，各个学生更多地受一般纪律教育，而很少享受特殊关心。在另外一些情况下训育与管理过分分开，超过了必要程度。例如，一位严格的父亲远远避开孩子，把训育在一定限度内交给家庭教师。无论如何这两个概念必须区别开来，以便使教育者知道自己在做什么，以便使他注意到，缺少了什么工作。我们可以补充说，这样也是为了使他节省无益的力气。因为训育不能在任何情况下起到同样作用的，所以有必要进行探讨，以便不耽误可以做的工作。

第二章　训育的目的

第一百四十一条

教学的目的是由“使你完美”这个基本原则决定的（见第十七、六十四、六十五条），而辅助教学进行教育工作的训育必须包括整个德行教育。但是德行是一种理想，而道德这个词表达向德行靠拢。因为一般地说青少年是在从可塑性向教养过渡，从不定型性向定型性过渡，所以向德行靠拢也存在于使他们定型之中。假如道德是动摇不定的话，这是不能令人满意的；而如果不道德的东西固定下来的话，那就糟糕了。排斥了这两点，那么我们便可用“道德性格的力量”这样的话来表达训育目的了。

第一百四十二条

不仅在性格中，而且在道德中都有一些可以加以区别的东西存在，对此将进一步作论述。这里姑且可以提醒读者，我们称之为性格的意志的决定性不仅仅基于意愿，而且也基于非意愿。这种非意愿一方面是一种欠缺的意愿，一方面是一种否定的与拒绝的意愿，是一种排斥行为。严格的管理可以阻止一切可能搞糟的情况出现，但往往会产生一种欠缺的意愿，而不是持久的决定性。假如教育停止了，那么就会出现可怕的情况，学生可能产生想象不到的迅速变化。训育的任务必须考虑它应当包括意愿与排斥这两者。

第三章 性格的区别

第一百四十三条

在不同的观念群中产生不同的意愿，因此要使各种各样的意愿一致起来是费力的。

不同的观念群不仅交替着进入意识之中，而且可以一个接着另一个地进入统觉关系之中。统觉注意不仅为外部感知而存在（见第七十七条），而且为内部感知而存在。但是统觉很少是或者绝不可能是单纯的感知，而一个观念群一定是对另一个观念群有影响的。因为在每一个观念群中存在着一个意愿，所以往往发生这样的情况，一个意愿要另外一个意愿，或者不要另外一个意愿。其次，由于一个人首先处在他的一种意愿之中，所以他命令自己，自己作出决定，并尝试控制自己。在这种尝试中，他越来越把自身作为观察对象。凡是他在这种自我观察中视为业已存在的那部分意愿，我们称之为性格的客观部分。但是那种在自我观察中和随着自我观察刚刚产生的新的意愿，为与前一种相区别起见，必须称之为性格的主观部分。

这第二部分只有到儿童进入成熟年龄阶段时才能得到训练。不过初步训练已从孩提时候开始了。这种初步训练通常在少年时期迅速增进，但其方式与强度则是因人而异的。

第一百四十四条

为了明了起见，对于客观部分中所能包含的十分多样的性格可以区分为如下几类：学生能容忍或不容易容忍的，要求有或不要求有的，愿意做什么或不愿意做什么的。有时候这种意愿占优势，有时候那种意愿占优势，然后其余的意愿一定会附加进去和受到限制，但这种限制并不总是很容易的。因此，性格的客观部分本身也是很难一致起来的。

第一百四十五条

在性格的主观部分中，随着类似情况的不断重复出现，渐渐地就形成一般观念，既形成关于业已存在的意愿和在类似情况下具有同样性质的意愿的观念，也形成决定这样那样意愿的针对自身的过分要求的观念。

这些过分要求大部分属于智慧领域，也就是说属于谨慎和克制的领域，或通过适当手段来达到目的的活动领域。少年要比儿童聪明，青年要比前两者都聪明。人们通过这种方式谋求超过自己。

第一百四十六条

这种超越对于道德来说并非总是有益的。教育者越来越会面临这样的双重任务：一方面观察和控制性格的客观方面，另一方面观察与控制性格的主观方面。前者包括气质、爱好、习惯、欲望、情绪，后者包括学生是坦率的还是狡猾的，是否常发牢骚。

第一百四十七条

一般地说，假如学生持久地保持其同一种意愿，而不为情绪与突然的念头所驱使，那么这可以视为有利于性格培养的条件。不需要努力可以达到的这种同一性，我们可以用意志的记忆这种表达称之。

假如个人具有这种自然特性，那么性格的客观部分较容易同自身达到一致，那么学生就知道，在某些忍耐、占有、活动中这一些限制着另一些，也就是说，知道为了能够占有与活动往往必须忍耐，一个人愿意进行的活动并不总是导致他所想有的那种收获的，如此等等。假如学生充分明确这一点，那么他不久就会对自己说，他比较适合做什么，他将选择，而这选择往往对他的性格起决定性作用，特别是对他性格的客观部分起决定性作用。

假如性格的主观部分达到成熟了，那么各种决心、行为准则和原则相继产生，与此相联系的将出现概观、结论与动机。

为了使这种动机生效，往往需要斗争。此外性格的强弱将决定主客观两部分性格是否一致。道德必须存在于这两部分之中，否则将永远不能指望出现坚强的性格。

第四章　道德的区别

第一百四十八条

活跃而同时也是仁慈的学生是常常可以见到的，从完善与仁慈的观念角度来看，他们也是不用叫人担心的。至少一开始如此。通过坚定的管理，我们也可以不难使他们铭记这样一条准则：己所不欲，勿施于人。同时可以容易地在争吵中发现他们那种必要的忍让态度，可以越来越多地发现他们避免争吵的谨慎态度。因此就公平与正义两点来看，他们也是不会令人担心的。随着年龄的增长，他们将增进审慎态度，这是正确地自我控制的基础。他们向着内心自由靠近。于是按简单的实践观念看，属于道德的一切便聚集在一起了。

但是，并非所有学生，并非在任何时候都是如此的。除了值得称赞的特点外，我们常常还可以发现其他一些相反的特点，这表明，这些相反的特点并没有被排除，而那些值得称赞的特点并不决定性格之全部。

第一百四十九条

为了排斥坏的，属于性格主观部分的良好决心还必须具备存在于性格客观部分中的那种良好的特征。

首先，这些特征要求学生具有那种审美的判断力，比如可以借此来正确区分什么是较好的意愿，什么是较坏的意愿。假如这种判断缺乏明确性，缺乏力量与完满性，那么决心在学生的心灵中就没有基础，它们充其量只是一些习得的单词。

而假如意志的审美判断与整个兴趣交织在一起，后者是从经验、交际与教学中产生的，那么这种判断就会对善产生热情，不管这种善可能在什么地方存在，这种热情不仅仅对学生的一切追求，而且对他将如何获得教学与生活进一步给予他的一切产生影响。

第一百五十条

此外，为了更坚定地拥有道德的决心，生活准则的逻辑的培养与各种生活准则的系统的结合以及这些准则在生活过程中的不断应用都还将起到作用。对于思考的培养也是与此相联系的。

从中可以明确，训育只有与教学结合才能完成它的工作。

第五章 训育的辅助手段

第一百五十一条

虽然训育无意完全阻止学生自己的活动并对这种活动造成困难，更无意用外来的活动代替他们自己的活动，然而训育有时必须拒绝他们的活动，有时必须确保他们的活动，以使学生对它的依赖比单纯的管理使学生产生的依赖更大。因为管理可以依靠一些规定保持非常严格的状态，此外可以听任儿童自行其是，但训育不能依赖这种做法，而只有对学生具有确定无疑的信赖后才能这么办。

细心的教育者甚至不必有什么让人觉察的意图，就可使人经常感到他对学生满意还是不满意。这往往就足够了，有时候对那些敏感的学生来说已太多了。不寻常的谴责对学生的伤害将远远超过我们想要达到的程度，而最微不足道的赞许的表示也逃不过他们的目光。保护这种敏感性是很重要的。

第一百五十二条

对于自由或限制的敏感性在学生中是较为普遍地存在着的。同时，假如教师所给予他们的自由被他们用于进行深思熟虑的，而且可以成功的行为的话，那么这一点对于性格的培养来说具有很大的直接意义。因为从成功中产生对意愿的信心，这样，欲望便会成熟而成为决心。假如我们希望学生有正确的行为，那么必须给予他们自由。相反，假如学生很早就有独立活动的强烈意识，那么这是危险的。后面将对此作更详细的论述。

第一百五十三条①

假如常常责备与限制，那么学生的敏感性多半会变得迟钝，而责备比限制自由起的作用更大。在各种责备中我们可以改变表达形式；至于允许和禁止学生做什么这个问题，我们却必须尽可能使学生感觉到有一条持续适用的规则存在，即使只是每周或每月千篇一律地适当允许学生按已养成的习惯行事。没有明显原因的不一致要求就好像是专横和心血来潮，而确定的限制却比较容易为学生接受。

第一百五十四条

敏感性至少可以在没有任何责备的情况下通过单纯的督促、每天提醒和定时的招呼而激发起来。在日常一系列生活琐事中必须有

① 赫尔巴特由于笔误把“第一百五十三条”写成了“第一百五十二条”。该书的德文版选编者把它纠正了过来，因此以下几条的序数都与赫尔巴特原书相差一条。——译者注

章可循，对这些琐事过分重视是无益的。尖锐的责备不应轻易地浪费在对付微不足道的粗心方面，只有对重大事件我们才需要用到它。但规则必须使学生遵守。不伤害人的小小惩罚（例如几分尼[①]的小小罚款）在这里比严厉的话更适合。

第一百五十五条

学会忍受和受约束而不发牢骚，甚至顽强等诸如此类的习惯，在此是联系在一起的。这方面不仅仅应当避免可能对敏感性产生刺激的一切，而且还必须允许让良好的情绪、快活的玩笑自由地表达出来。

第一百五十六条

不同时包含着某些劳动与练习的许多文化娱乐活动给人带来种种不必要的享受，这种种享受造成的娇生惯养之所以有害，是因为从中产生的对敏感性的削弱会使这训育的一系列小小辅助手段失去作用，而这些手段原只能用于还没有娇生惯养的儿童的。因为，假如日常生活习惯很适度的话，那么只需要准予少量的活动，就可以使这些儿童享受种种快活。但是我们还必须注意保持节约的方式，以达到事半功倍的效果。特别是我们不应当急于要求青少年执行规定的行为而破坏他们无害的游戏。虚荣心将驱使他们过早地不想再作为儿童来显示自己。

第一百五十七条

出色的教育者能对那些在他小范围中可能会变得相当重要的小事产生注意。但他更注意共同起作用的事物之间的关系。

1. 活动与休息的关系

儿童所具有的各种能力必须得到施展，得到发展，而不被耗

---

① 德国货币单位，相当于人民币中的“分”。——译者注

尽。有时候青少年从经验出发确信努力可以使能力发挥的程度，但绝不要使这种强烈的尝试成为习惯。

2. 压制与提倡之间的关系

这方面，两者的平衡在某种情况下应当是可能的。自己可以提高的各种能力，不需要去促进；但是，假如鼓励手段在整个训育中以及同长时间的责备相比明显占优势，那么教育者将丧失他的影响，弊往往大于利。

3. 限制与自由之间的关系

环境与交际应当确保提供儿童进行活动的尝试，但是环境必须十分丰富，以确保避免儿童向外界扩展的向往。

第一百五十八条

在使用中不能预料学生的敏感性的那些训育的辅助手段，其作用是可疑的。在这些手段中，有一些仍然有理由可以尝试一下，先决条件是可以观察这些手段的作用。这方面特别是包括真正的教育性的惩罚与奖励，通过这种惩罚与奖励使正常的所作所为得到模仿。谁耽误了时间，就让他无法享受；谁做了坏事，谁就没有资格享受；谁不节制，谁就得到苦药；谁讲话，谁就被逐出教室，到那种每个人都听不到他讲话的地方去……这种惩罚不可能为促进道德服务，但是可以起告诫与使人吃一堑长一智的作用。在这方面作用大小往往是无法预料的，但无论如何可以给人留下有益的回忆。

第一百五十九条

有时候关键在于挽救滑入错误轨道上去的某些行为。我们可以让某些新的行为表现出来而使错误的行为突然得到中断。比如，中断那种仅仅是疲疲沓沓与令人厌恶的活动。

有时候我们可以在强健的学生身上看到一种应受责备的行为，这种行为在受到告诫与惩罚时还在继续下去，或改变形式继续下去，但是这种行为的真正原因仅仅是那种很容易消除的不高兴的情绪。而一种出乎学生意料的小礼物，一种异常的关注也许可以消除学生的不愿理睬他人的情绪，而且我们认为，假如我们发现坏事的原因，就可知道我们该怎么办了。

第一百六十条

对于体弱的学生来说，主要的事情是非常细心地照顾他们，并且需要具有始终不渝的耐心。不过不应使善意变成懦弱的宽恕，而必须用认真的监督来代替任何生硬的处理。

第六章　一般的训育措施

第一百六十一条

这里，性格与道德（见第一百四十三至一百五十条）的区别是我们考察的主线。训育应当起维持、决定和调节作用；应当在整体上考虑使心灵能够平静与清晰；应当部分地通过赞许与责备使心灵受到触动；应当及时地提醒它和纠正它的错误。这简短的说明将通过与上述那些观念的比较进一步得到解释。

第一百六十二条

第一，关于维持的训育的意义首先产生于上述的意志记忆之中（见第一百四十七条），冒失是青少年所具有的通病，是这种记忆的对立面。因为冒失的人想不起他曾经想做的是什么。他需要通过训育来维持他的想法。这种维持的更确切的定义就是抵御与持续。

但是维持的训育的第一个先决条件是管理和由管理造成的服从。这样当我们要命令学生时，他就不敢顽抗了。但我们应当少命令，仅仅在迫不得已的情况下才命令。假如经常命令，那么学生就不可能发展，假如毫无明显而迫切的理由，却对成长着的学生施加命令，那么他们的服从不再会长久地持续下去。然而在管理停止的时候，不应当使学生处于放任自流的状态，应当使他感觉到不许超越某种限制，即使这种感觉是相当不明显的。维持的训育就起这种作用。

但是，即使在一般情况下服从的学生也不可能在任何情况下始终完完全全地、迅速而无异议地听从任何人的。假如他一旦不听从温和的劝告，那么也就更加不可能服从粗暴的处理了。此时此刻教育者必须知道他有着什么样的后盾。学生的父亲必须同他保持一致，赞成他在迫不得已的情况下在多大程度上使用强制手段。家庭教师必须知道，他能得到家长什么样的支持；教师必须知道他能得到上级多大的支持。不过在这里训育将回到管理上去，而这一点应尽可能避免的。那种不可避免地要使训育回到管理上去的令人不愉快的情况，往往就是长期懦弱的宽恕渐渐引起学生撒野的情况。这些情况在这里是可以排除的，而假如各种约束还没有完全解除，假如对于学生的反抗不轻率地给予坚定严肃的处理，然后立即使这种处理消失掉，并给这种反抗以悔过的余地，那么就越能避免那些令人不快的情况发生，甚至避免反抗的发生。

第一百六十三条

假如维持的训育应当具有某一种力量，根据需要来补充欠缺的服从，那么首先必须在学生身上唤起一种活跃的感情，使他获得或失去教育者对他的某些好感。当教育者能够有效地和受欢迎地干预学生的生活习惯的时候，就可能做到这一点。假如他觉得有必要给学生指出另一个方向，那么不能把这种事情视为较容易的事情，必须慢慢前进。

尼迈尔以下列中肯的话描述了性格培养的第一步工作：

“教育者应当首先研究那种存在于他所教育的学生的天性中起

决定性作用的善。取得这种善，巩固这种善，使这种善上升为德行，保护它不受各种危险的侵害，这应当是教师始终不渝的追求。这一点可以说必须和他的整个教育方法协调一致起来。即使对业已娇惯了和变坏了的学生，也应当注意这一点，即使在其心田中已经长出了某些杂草，教师也要尝试把它们拔除掉。因为进一步的道德教育就是从这一点出发的。”

尽管这一点本来首先属于道德教育方面的事情，但可以在这里找到它的位置。假如学生感到我们在注意他较好的一面，然后给予他某些帮助，如同有教养的交际气氛必然这样做的那样，那么学生的意志记忆越强，他就越服从。而在这种情况下学生所欠缺的一切，维持的训育是容易给予补偿的。

第一百六十四条

但是，学生越不能牢记他自己的意志，维持的训育就越难进行。然而即使在这方面，在任性的撒野与单纯的轻浮之间还是有区别的。

事实上可能出现这种情况：学生的狂热会挑起教育者怒气发作。代之，教育者应平心静气地拒绝学生的那种狂热，注视并等待学生对此厌倦，这在一开始往往已足够了。这种由学生自己造成的窘境将使他感到羞愧，因此可以尝试，是否可以使他产生同样的窘境。有时候，对个别学生甚至可以用这种方法来补偿管理的不足。但对许多学生来说，假如他们的粗野已成了恶习，那么这种补偿是较为困难的。

第一百六十五条

在遗忘、杂乱无章、不安宁以及所谓青少年的烦恼中表现出来的真正的轻浮是个人素质的弊病，假如这种弊病在得到多次告诫并对外来刺激变得无动于衷的情况下在以后几年很快地成为不明显的缺点的话，那么这种弊病无须进行激进的治疗。在这方面显得更有必要的是进行维持的训育，以便避免这种弊病造成各种后果，或缓解这种后果。因为轻浮刚刚开始在其表现中卖弄自己，所以它反对秩序，反对勤奋，寻求手段来赢得无拘无束生活的自由。训育必须在这一切发生之前进行。在早期，当学生还没有不良意志的时候，必须用训育来补偿意志的欠缺。学生所看不到的一切，训育必须使这一切呈现在他的眼前。训育必须不断地使他的摇摆与放荡从外部获得训育根本不能或不能立即使他产生的那种坚定性与一致性。

这方面包括我们不应采用说服的办法。卡萝莉内·鲁道菲说："在太频繁地采用说服办法的情况下我便不能充分地理直气壮地进行警告了。"施瓦茨在引证这一点时补充说："一次说服已太多了。"[①] 尼迈尔谈到活泼过了头则变为轻浮。他这样描写轻浮："粗心大意，不考虑后果，诱使人轻率。"他接着指出："这一切不是心灵的缺点，但却是必须排除的缺点，习惯似乎就是排除这种缺点的唯一可靠的教育手段，只有当我们开始发现缺乏善良意志时，或者当这种缺乏已达到某一种程度时，我们才必须通过理智地挑选出来的积极惩罚手段来协助排除轻浮这种缺点。"他进一步建议说，必须改变学生的地方就应当坚决地去改变他们，因为不明确的提醒没有效果。

这样虽然事情没有了结，但我们在这方面还是谈到了维持的训育；而我们不能用说服来代替习惯，这是千真万确的。

第一百六十六条

对于轻浮的学生来说，阻止他们的行为比督促他们的行为更困难，因为如果教学可以激发起他们的兴趣的话，督促在某些方面至少较容易取得成功，而相反对于生性迟钝的学生来说，督促比较困

① 施瓦茨：《教育论之二》，第 443 页。

难，因为我们在督促时不得不破坏他们的安逸。这方面活跃的玩伴对于他们体育活动的吸引是起首要作用的，如果他们还不能胜任困难的学习任务，那么给他们布置较容易的作业便足够了。假如惰性是与身体的疲乏联系在一起的，那么可以从对他们健康的照料与从他们年龄的增长中希望他们能够变好。

一条规则是普遍适用的，这就是作业难度不能超过学生的能力，完成作业所需时间不能太长。但是开始做的事情必须完成，至少不允许学生任意地把它搁在一边。在他们的心目中，这种作业必须形成一个整体，即使仅仅是一个较小的整体。

第一百六十七条

几乎不言而喻的是维持的训育基于教育者自身的态度——其行为的一致性。但这种一致性必须也让儿童清楚地看得到。尤其不能引起这样的局面：他们不知道他们应当怎么办才使教师觉得是正确的，不管他们怎么做，教师都不满意。假如教师做到了行为的一致性，那么他的每一种情绪就会如同天气一样成为学生观察和在他们当中传播的第一件事情。他们会担心教师的恶劣情绪，而利用他良好情绪之机会提出迫切的请求。学生会寻找维持他们活动的坚实的支撑点，而极小的成功将使他们产生奢望；此后，早期的管理便会失去效果，而如果重新采取严格的措施的话会产生一系列的弊病。

第一百六十八条

第二，训育应当起决定的作用，它应当引起学生作出选择（见第一百四十七条）。这包括上述关于要忍受什么、占有什么、进行什么的决定，也包括对于所作所为产生必然结果的经验（见第一百五十七条），因为，如果不考虑这种结果，那么各种各样的意愿就不可能一致起来。首先应当提一提的是，教育者不应替代学生去作选择，因为这是学生自身应当明确的性格。学生必须从自身经验中部分地，但仅仅是极有限地了解善与恶。他们在幼儿时期就必须感觉到火焰灼人，针尖刺人，跌跤与碰撞使人疼痛。他们应当还有其他一些经验，只不过不要超出真正危险的界限，而关键在于学生应能根据自身的实际经验证实教育者的告诫，从而使他们以后不用等待证实就相信其他各种告诫。

第一百六十九条

令人愉快的与感到被伤害的许多事情产生于交际关系之中，以致必须使学生在这样的关系中成长，以便使他在某种程度上了解他在许多人中间的应有的地位。在这里教师一方面要注意防范坏的榜样与粗鲁行为，另一方面却不能如此小心翼翼地选择交际范围，仿佛可以使学生省去压力感似的，而这种压力在任何社交范围中都可以由追求与反追求造成。在青少年中，玩伴的过分迁就将会造成对真正生活关系的错觉。

其次，社交必须同独处相交替。社交生活的洪流不应当冲走教育，不应当比教育更强有力。儿童，尤其是少年也应当单独地进行学习并适当地充实他的时间。

第一百七十条

学生通过交替地在他的同伴和成人中进行活动来了解不同的尊重。使训育部分地结合这一点，部分地适当服从这一点，其难易程度因情况不同而不同，这取决于对学生不成熟能力的估价为一方面与对他们良好道德的要求以及对他们天赋和知识的观察为另一方面的差距。主要的事情是我们不要人为地培养虚荣心，但也不要压抑与生俱来的、正确的自尊心。但是那些对学生进步感兴趣的人通常有必要防止自己被人对学生提出的过高希望搞糊涂了。假如他们对这种过高希望作出让步，便将不由自主地变成阿谀奉承者，并驱使儿童，尤其是少年去超越他能够保持的某一点水平。这样以后会招致痛苦的经验。

第一百七十一条

儿童对日常生活必需品所具有的价值的注意比与生俱来的荣誉感发展得慢一些。特别是年幼的青少年不懂得与钱打交道。儿童会产生各种错觉，而不会用需要花一定数目的钱来获得的这样那样的东西代替另一种东西。在这方面他必须从小就有所经验，不仅仅学习对金钱的估价，而且要学习对失去事物所造成的损失的估价。我们没有必要对青少年的吝啬进行告诫。可是他们往往接受道听途说，我们可以碰到这样的情况，一个儿童出于模仿而吝啬，但出于自身的欲望而挥霍浪费，假如这种弊病不在荣誉感面前让步，那么他应当受到道德的教育。

第一百七十二条

假如学生已经体验到，他必须在其他人中间忍受或不必忍受什么样的压力，必须获得或失去什么荣誉、东西与享受，那么关键在于他应当把这一切如何同他感到有趣或厌恶的各种工作结合起来。审慎的人不久自己会决定、限制并注意如何在这方面通过多种途径由此及彼地使之成为可能，但对于轻浮的人来说却不能充分地记住这一点。因为一个人如对此没有坚定的考虑就将是没有性格的人，所以教育者应当帮助他牢记这一点。

不过，假如教学想激发的智力兴趣还没有跟上来，假如道德还落在后面，假如宗教教育还没有进行，那么学生缺少坚定性倒是我们往往所希望的。我们不应太快地结束对于性格客观部分（见第一百四十三条）的训练，对于训育的价值来说常常有很大一部分在于推迟结束训育的时间。而使学生处于某种压力之下，这会有助于推迟工作。按学生的年龄给予他从属的地位，特别是拒绝给他不经允许和随心所欲地去行动的自由，这也有助于推迟工作（见第一百五十二条)。意志方面的审美判断常常很迟才出现，或者与上述经验印象相比显得比较脆弱。此外，这时儿童还缺少道德热情，尽管我们进行性格培养，但假如听任青年人自由自在的话，那么他们只能产生不良性格，确切地说只能大大地延长青少年用于消磨的时间，甚至幼稚的游戏时间。

第一百七十三条

第三，当性格的主观部分（见第一百四十三条）开始显示出来时，一般在后期儿童年龄阶段，就可开始进行调节的训育了。不对儿童采用说服办法（见第一百六十五条），这条规则适用于儿童的早期。这就是说，只要我们还能利用这条规则，那么就应利用它。但当学生自己说服自己时，这条规则就应停止使用了，此时停止是很适合的，因为他的思想已不再作为轻率的念头产生并消失掉了，而是获得了持续性与保持能力。教育者不应当听任学生自己说服自己，也不能用命令来消除这种说服行为，而是必须考虑关心它，以防止它继续错误地发展下去。

我们在儿童游戏中已可看到他们遵守规则的倾向。假如每时每刻都命令儿童应做什么，那么这种命令不可能得到严格遵守，而只能常常改变。儿童不缺少自己幼稚的意图，但是只要这些意图不能保持始终如一，那么它们就没有多大意义。而如果这些意图能够持久，如果手段与目的结合在一起成为计划，如果在受阻止的情况下还敢于实施这些计划，最后，如果用一般的观念来考虑这些意图并要求在未来可能的情况下得到贯彻，从而使这些意图按行为准则得到实现，那么这又当别论了。

第一百七十四条

谨慎首先要求不因对学生公开的意见产生反感而使这种意见缩回去，而宁可对这种意见进行不愉快的争辩，只要这种争辩是坦率可靠的，只要学生并不由于出乎意料地重视他的意见而感到过于得宠的话。

其次，谨慎要求在学生不立即被说服的情况下，宁可推迟作最后判断，而不要坚持某一种论断。指出学生知识贫乏，需要今后学习什么，这总是容易的。儿童与少年习惯于用来强调自己意见的巨大的坚定性完全是因为他们非常无知，他们不知道他们已经说了多少，争论到了什么程度。教学将渐渐地治疗他们的冒昧。

第一百七十五条

但对于训育来说主要的事情是能否使学生在行为中保持一贯性。必须使轻率地提出行为准则的人感到认真地按行为准则行事是困难的。应当按这种方式来指出学生的过错，这一方面可以改变不能坚持的准则，另一方面可以巩固可能坚持的准则。

但我们在这里也把那种尽管聪明但与道德相抵触的准则算作不能坚持的准则。假定这一点学生在事先并不清楚，那么就必须使他在应用中了解坚持这种准则会造成有伤风化的结果。

第一百七十六条

调节的训育常常要求我们用生动的语言来对学生讲话，使他回忆往事，在他坚持错误的时候预言未来；要求我们引起他洞察他的内心世界，以便使他在他内心世界中找到他的行为同根源的联系。此外，假如这一点早就在他的道德意图中进行了，那么我们就不需要再进行长时间的劝说了。假如教育者的语言越有效果，假如越可以相信学生自己的判断，假如他日益接近他应自己周游世界以观察外国人的言谈与行为的时候，那么教师的语言应当越来越平心静气，越来越简短。因为在他把新的与旧的进行比较时，他对旧东西的敏感性是很小的，当他在心中不再深深地铭记旧的东西时，他对旧东西的敏感性不久将完全消失掉。

第一百七十七条

第四，情绪应当保持十分平静，头脑应当为清晰地理解作好准备。一般地说这可以对付狂热的冲动（但不是对付一般的热情），而首先是决定了审美判断的培养，乃至道德的建立（尽管不仅仅包括这些）。

假如常常处在欲望的状态，而且停留在这种状态中那么久，以致在这种情况下各种思想汇集在欲望方面，形成了计划与希望，并且使对其他一切的厌烦固定下来，那么任何欲望都能变成热情。因此必须注意一切顽固而常常重复表现出来的欲望。

但最常见的欲望产生于对食物和身体活动的本能需要。

第一百七十八条

首先必须通过不过分的满足来抑制由于本能需要得不到满足而产生的撒野。不要让饥饿诱致偷窃，不要让过久的端坐诱致逃跑。这一告诫绝非是多余的。在家庭中人们并不期待这类事情发生，而实际上有这样的糟糕事例。是的，过分的做法太司空见惯了。

假如需要失去了激励，那么必定会有一定的和无法抗拒的力量来拒绝其他的欲望。这方面应当使学生的欲望转移到能使他活动起来的某些方面去。

假如可以移开能够不断刺激学生欲望的事物，那么这样做就更好。在自己家庭中比在别人家庭中能更多地，也更有必要地采取这种做法。假如不能把东西移开，那么也许可以使欲望慢一点得到满足，可以在以后允许儿童得到满足。

比如在果园里孩子想品尝水果，而断然拒绝他们，这将具有一种导致不服从的危险的刺激作用；而另一方面如果他们要采摘不成熟的果子，尤其是如果要损害别人的果园，那么就绝不允许无条件地宽恕他们想品尝的欲望。

在对这种非常明显的事物作类比之后，我们就能作出许多类似的判断了。

第一百七十九条

其次是应当在儿童的游戏中观察他们。自由想象越多，游戏花样变化越多，那么思考机会就越少。但假如常常按固定的规则来重复某一种游戏，假如安排一种学习来使儿童掌握某种特殊的技巧，那么他们可能会产生一种有时在没有输赢钱的情况下也要尝试玩纸牌的狂热。赌博是完全应当禁止的。但是在我们对儿童的服从没有完全的把握时，必须监视这种禁令的执行。

第一百八十条

即使儿童只有一般的天赋，但如能学会某一种艺术，例如在某种限度上的音乐与绘画（不同时学许多乐器，不杂乱无章地分散学习各种各样的绘画，而是坚定地努力学会某一种技巧），这对避开与狂热冲动联系在一起的危险是有所帮助的。

假如儿童缺乏天赋，那么我们可以借助他们的业余爱好，诸如植物标本收集、贝壳收集、纸工，甚至木工或园艺活动等来开发其智力。

人们最希望儿童具备诗人的天赋，使这种天赋要求通过严肃的教学活动得到非常重要的调剂作用。因为，假如年轻诗人专心致志的话，他便会产生一种对自己可能造成危险的要求。

第一百八十一条

我们必须严肃地打消各种以狂热追求为基础的，并暴露出妨碍纪律、努力和时间分配的计划。参加这些计划的人越多，尤其是当夸耀、派性和对抗混杂在一起的时候，那么越有必要打消这些计划。不能让其迅速蔓延开来，否则会很快地使教育辛勤地开垦了的土地变成荒芜。

第一百八十二条

假定避开了狂热，那么道德的确立一般取决于教学如何同活动共同起作用。教学中最首要的部分是宗教课，但最直接的是在学生的交际中发展他的观念，而训育同时也必须一起进行。实际观念必须为学生逐一地熟悉起来。

第一百八十三条

至于在儿童之间不容易完全避免的，在他们看来至少是可能发生的争吵，首先我们不应禁止他们对出乎意外的肉体攻击作正当的防卫，甚至必须建议他们采取坚决的自卫，但也必须建议他们对对方采取宽恕的态度。然而，我们必须坚决地禁止那种未征求他人意见而乱拿东西的行为，即使拿的是一些没有主人的或被扔掉的极小的东西。任何人都不应傲慢，好像他的赤裸裸的蛮横别人必须屈从似的。儿童尤其应当养成对其所有财物有节制地使用的习惯。我们给予他们有一定用处的东西，只允许他们用于规定的目的，并应当监督他们这样去使用。

儿童相互之间的许诺即使可能是愚蠢的，而且是不可能兑现的，却不应当轻易地把这些许诺解释为无效的。谁作出这样的解释而陷入困境，那么他一定会感觉到这种困境，并从中获得自食其果的告诫。但是，轻率的许诺也是不应当接受的，我们必须从这方面把儿童有时纠缠不清的结解开。

假如学生自己打算感受复杂的正义关系，那么这并不是不受欢迎的。但不能允许用争吵来取乐，相反他们应当学会尽可能防止争吵，避开争吵。但愿他们能认识争吵，牢记争吵是令人厌恶的。

第一百八十四条

这方面为我们开辟了观察儿童的双重途径。因为争吵可以显示儿童的力量，所以他们喜欢争吵；而且他们往往还会出于傲慢而寻衅争吵。在这里受到了阻挠，在那里就要发泄。我们应当通过体育锻炼来使他们显示力量；在戏耍与游戏中表现出来的非争吵性的竞赛应当受到欢迎。智力活动同样可以让其获得表现自己的机会，也可以引起相互较量，但对基于这种较量上提出的各种要求应明确地予以拒绝。如果在这方面取决于各人的强弱，即熟练程度的话，每个学生都会自行通过其进步与退步获得在实际中有用的衡量自己的标准。将一个学生树立为另一个学生的榜样，这会引起忌妒，而当一个弱者不能做他实际上可以做的事情时，对他最好采取宽恕的态度。

第一百八十五条

另一个观察途径是从正义转向公平。“于我正义之举，于他人则为公平”，尽管这条原理是正确的，但争吵会使人产生不满，甚至引起报复。也许儿童可以通过确定一个人在他赞成或不赞成的事情方面能获得别人多大程度的容忍或接受，从而来锻炼自己的洞察力，但是他们不应当冒昧地想给别人奖励与惩罚。在这方面应做到这样一点，即他们必须在不放弃自己见解的情况下，乐意地去服从他们的上级。

与此相似的是，在要分配礼物、食物和奖状时，一方面教育者应避免偏爱的现象，并不应毫无理由地背离分配中的均等性；另一方面也不允许学生具有随便获得礼物的权力，这种权力虽然会是一种多少是适当的意见，但不应允许由于这种意见而给予权力。

第一百八十六条

当儿童曾经深入地观察了正义与公平之后，我们不能太匆忙地要求他们具有乐于助人与谦让的态度。他们必须有时间先来结束关于正义与公平的思考，并先对这种往往毫无结果的苦思冥想产生厌倦后，才有可能考虑：在争吵中最终要作让步。而正因为这样，没有什么事情可称是宽宏大量的。以后有机会就可提醒他们，假如他们一开始就让仁慈的观念起支配作用，一开始就不仅让有争论的事情平息下来，甚至把它排除掉，那么一切就会顺利得多。

无论什么地方都必须把仁慈尊作较高一级的观念；而正义只能作为较低一级的观念，人们要超越这一观念将必然受到惩罚，因为正义也许是由于相互一致，即得到有理的一方的赞同而得以存在的。

第一百八十七条

最后，关于内心自由的观念问题，在年长的儿童中间，尤其是在少年中间，多少在接近着这种观念（即使还有距离），但程度之不同往往是相当明显的。以执着与聪明行为见长的人，其优点往往被教育者搞得太令人注目，而不是令人觉得微不足道，而儿童们相互都十分注意地观察着对方的弱点，因此他们不会不看到别人落后于先进者多远。因此关键往往在于，不要挑起儿童贬低他人的欲望，而要把儿童的目光引向总归不能逃脱他们注意的事物上。

第一百八十八条

假如青少年觉察到了成人方面糟糕的事例，那么，我们自然不用去加以揭露；假如这些事例是很明显的，那么，只要青少年没有兴趣模仿它们，或原谅它们，这些事例的作用与其说是具诱惑性的，不如说是他们所厌恶的。另一方面，指望他们模仿值得赞扬的事例的这种希望也不大，因此，明确地带着适当的敬意指出值得赞扬的事例，这不是多余的，尤其当成长着的学生开始在较大圈子中周旋，对某些能以错误的印象给人造成误解的事情作比较时，这更不是多余的。

第一百八十九条

第五，假设学生的目光一方面通过在儿童之间的交际，一方面通过榜样，再一方面通过教学，已适当地转向那可以按照实践观念加以区分的事物上，并同时充分地激发起他们对意志方面的审美判断的话，那么就可以进行真正的道德培养了。这就是说，我们进行这种道德培养的依据不应当看青少年能否自己概括以及留意什么是值得赞扬的，什么是不值得赞扬的，并看他们每一个人能否用这种概括来衡量自己，倒是必须向他们所有人，即每一个人，特别注意说明往往为他们不愿听的真理。教育者对其学生的了解越详细就越好。因为当我们指出我们应当观察每个人的内心世界时，我们便能极有效果地要求每个学生作自我观察。在较长时间里回顾学生的行为，回想什么对他产生了影响，区别其善与恶，这就提供了我们通常所称的进行道德教育的基础，这绝不是多余的，或者在教育中甚至可以抛弃的，而是在其恰当的场合完全必要的。自然有不少人在成长过程中从来也听不到任何严肃的话来对他们作出应有的责备，但任何人不应当如此成长起来。

第一百九十条

这里谈到的仅仅是奖励与责备，但不是生硬的处理，绝不是生硬的话语。针对个别行为所作出的责备与惩罚是另一回事。责备与惩罚虽然可以引起对道德内容的探讨，但我暂时先必须把它们搁在一旁。通过管理的强制不能产生道德的改善；依靠行为自然结果来使人机智聪明的教育性惩罚也不能实现这个目的（见第一百五十七条）。但是，没有偏见的学生通过模仿中肯的语言和真正的高尚行为可以促进道德的改善。这样一种语言也包括考虑每个人都习惯于在其内心深处乐意接受的宽恕。这种语言尽可能使宽恕发生效果，但是这种语言告诫人们行为的结果不应指望别人来宽恕。

第一百九十一条

在通常情况下，青少年没有什么大事可以表扬和责备的。当我们应当谨慎地防止夸大儿童错误的事实时（因为夸大的做法倘使不会造成儿童产生恐惧的话，那么或者会使训育效果受到削弱，或者会事与愿违地造成儿童的拘束），有一种夸大是适宜的，它使小事变得更明显，可向青少年更清楚地说明他们自己的所作所为，并可更有效地对付轻浮态度。这种夸大的做法对未来是一种启示。**最小的错误因习惯而会发展变大**。最小的欲望，如不受克制，会转变为狂热。这样，未来的生活就会变得不稳定，就会出现诱惑、迷惑——出乎意料的厄运。这种对未来可能性的预见虽然不是一种预言，也不应当把它作为预言，却有助于告诫学生。

第一百九十二条

假如我们已经使学生把他的道德培养视为一件严肃而重要的事情，那么与世界知识增长联系在一起的教学就能够使道德的热情渗透到学生的整个思想范围之中了，而且能够使道德方面的世界秩序之观念一方面同学生的宗教观念结合起来，另一方面同他的自我观察结合起来。但是，就这一点看，我们将必须更少直接地、明确地表示赞扬或责备。当学生自己已经说了自己做了什么时，再由我们进一步说明就不再像先前那样容易了。但是，另一方面我们还可以帮助他，那就是在一般观念方面，使青年人渐渐地为进步着的思考找到方向。

第一百九十三条

第六，训育应当及时提醒儿童，并纠正他们的失误。我们完全可以设想，即使一位年轻人在到达了能够作出道德的决心（见第一百五十条）的水平之后，却还需要多次提醒。诚然，这方面每个人之间有着巨大差别，这种差别只有通过观察才能揭示出来。但是，我们要提醒的东西就是要求普遍实现的道德决心。假如学生不能正确地理解道德决心，或者不把它纳入正确的关系中来考虑，那么是否能实现是不容易肯定的。不管怎么样，对极少数人来说，一般的思考将占支配地位，尤其是青少年可以得到如此多的新东西进行观察、体验，甚至学习，以致很容易使旧的置于新的东西之后，更会使一般的置于个别的现象之后。然而，假如训育在学生少年阶段找不到他自己想尝试保持的基础，而提醒与纠正已有良好而坚实的基础的话，那么提醒与纠正比单纯维持的训育（见第一百六十一至一百六十六条）要可行得多。

第一百九十四条

从古代学校与近代学校为道德教育与法制教育采用的原则之巨大差别中可以看出，假如把纪律、果断与坚定性列入现存的道德观念中，那么就可能产生许许多多观点，它们有些是对立的，有些至少是片面的。这一切对立的和片面的观点，包括摇摆于这两者之间的观点会在年轻人的头脑中得到更新；而假如他们重视走他们自己的道路的话，这种更新就更频繁。被学生采纳的原则往往会服从于他们的偏爱，性格的主观部分往往会顺从客观部分。此时教学便有了纠正谬误的使命，而训育必须在这时利用学生表现出其思想受其爱好控制的这种机会。

第一百九十五条

但是，假如学生已获得对其自己的观念和原则的信赖，那么就必须撤销训育了。不必要的评判和令人害怕的观察只能伤害学生的无拘束的态度和引起顾虑。一旦学生已采取自我教育方式，他们就不愿意受到干扰了。

第四部分 按年龄论普通教育

第一章 三岁前的教育

第一百九十六条

由于在儿童生活的头几年中他们的生命还极其脆弱，因此应当把照料他们的身体（这里不能就此进行论述）放在一切工作之前，因此在对儿童进行智育的时间分配方面，应视其健康状况进行区别。但不管这种智育的时间如何少，由于早期年龄阶段的儿童具有巨大的敏感性和易兴奋性，因此智育是极其重要的。

第一百九十七条

我们一定要利用儿童完全醒着而又没有什么疾病的时候，提供某些东西给他的感官去了解，但不应强迫他去了解。应当避免给他强烈的印象，同样也不应当迅速地更换给他们了解的东西，稍微更换一下往往就足以重新引起他已疲乏的注意了。给予眼睛与耳朵某种程度的完满的了解，以使这些感官均衡地熟悉它们全部感觉范围内的事物，这乃是值得期望的。

第一百九十八条

我们通过无害的方式为儿童自己的活动提供场所，这首先是为了让他获得四肢活动的练习，也是为了使他通过自己的尝试促进对事物和事物变化的观察。

第一百九十九条

必须极其谨慎地让儿童避免获得对他人的可恶的印象，不管这人是谁。任何人都不允许将儿童当玩偶来对待。

第二百条

但同样，任何人也必须不听任儿童来摆布，至少在儿童表现出暴躁的时候，不能这样做。否则养成儿童任性的习惯将是不可避免的结果，这一种结果在那些有疾病的儿童身上，由于我们必须对他们表现出来的痛楚表示关注，而几乎是不可避免的。

第二百零一条

必须让儿童不断地感觉到成人的长处，常常使他感到自己无能为力。必要的服从就基于这一点之上。在合理地对待儿童方面，总是在儿童周围的人比其他很少在他们周围出现的人更容易得到儿童的服从。假如儿童情绪激动的话，我们必须给他时间，让他平静下来，不到万不得已，不要提出别的要求来。

第二百零二条

必须少用引起恐惧的暴力，除非有必要在迫不得已的情况下为了有效地进行威胁与制止儿童放肆的行为。在儿童早期的年龄阶段就必须加强管理了，以便在今后不必用极有害的方式迫不得已地采用强硬手段。

第二百零三条

从儿童早期起就要认真细心地对他们进行语言教育，以便不使陋习与耽误根深蒂固，否则以后往往要造成大量的时间损失和麻烦。我们必须避免使用不自然的表达方式，因为这种表达方式表示的意义超出儿童的思想范围。

第二章 从四岁至八岁的教育

第二百零四条

真正的界限划分不在于年龄，而在于基本的照料需要是否已结束，四肢的与语言的有关应用是否已出现。这时儿童已能自己从许多眼下那种令人不愉快的要人照料的状态中摆脱出来，由此已可得出结论，他们此时在争取更大程度的安宁与快乐。

第二百零五条

儿童越能自理，外界的帮助必须越少。同时，在管理方面，只要在儿童早期往往不能完全避免的任性的最后迹象还没有消失以前，就必须加强管理的坚定性，对某些儿童来说还必须加强严格性。但这种做法的先决条件是：没有人会画蛇添足地引起儿童进行某种自卫。儿童越清楚地理解对于他采取的不可动摇的纪律，就越容易使他服从。

第二百零六条

为了使儿童能公开发表自己的意见，以便使我们能够研究他的个性，我们必须按情况所允许的程度给他尽可能多的自由。但在这一年龄阶段的主要事情是：我们必须防止他养成糟糕的习惯，特别是同不好的意识形态有联系的那种坏习惯。

第二百零七条

在这里我们直接来考察一下两种实际观念，但用不同的方式，即从仁慈与完美性的角度来考察。属于完美性的各种观念，儿童几乎总是由自己形成的，而仁慈的观念较少会自我发展，我们必须教给他仁慈的观念，但这种教导不能直接地进行。

第二百零八条

在有些儿童身上常常表现出一种恶意来，我们应当非常认真地把它完全视为糟糕的标志；因为一种从这方面一下子变坏了的性格，再也无法彻底地改好了，而这种变坏有时开始得很早，在这方面可以做的工作基于以下一条。

第二百零九条

首先可以假定，我们不应当常常让少年儿童单独地在那儿，而应当使他们的一切生活习惯合群起来，并使这个交际圈子有一种严格的纪律起支配作用。这样，恶意的表现就是出格的话，那么一旦出现这种情况，儿童就有这种起支配作用的纪律约束自己。儿童越习惯于服从一种共同的意志，并在这种环境中活动和感到快乐，那么他就越不能忍受孤独感。我们应当让作恶的儿童孤独，而这也就是对他的惩罚。

第二百一十条

但是，这样的惩罚是以少年儿童较强的敏感性为前提的，一旦我们让他孤独，他就会哭，就会不知所措，就会感到十分软弱，而当我们重新把他接纳到伙伴中间来时，他将立即感到快慰。假如我们耽误了这一年龄阶段，假如作恶的儿童已对他曾经在其中能够愉快地生活的圈子产生了反感，那么上述那种惩罚将造成别的儿童的痛苦，而严格执法也只能是多余的了。

第二百一十一条

排斥恶意的合群精神还远不是一种真正的仁慈。甚至在通常儿童作品中对于仁慈的描写可能有被作为简单杜撰出来的无稽之谈而不加理睬的危险。因此，关键在于首先确立仁慈的信念。虽然一个儿童由于受到教育而不断地为仁慈举动所感动，但会因习惯而变得麻木不仁。我们应当取消对他进行习以为常的关心。当我们重新给他这种关心时，他就会把这种关心视为我们自愿的举动，并敬重这种举动。而假如儿童把对他们作出的关心视为我们的义务，视为某种机械的反应，那么这种误解便将成为他们许许多多道德判断的明显的渊源。

第二百一十二条

假如我们不愿使儿童的心灵变冷，不愿扼杀其仁慈的萌芽，那么必须对必要的严格辅以宽容，而对宽容辅以和蔼可亲。在我们这里谈论的年龄阶段中，儿童的情绪还直接依赖于我们如何对待他们，长期地对他们不亲热会促使他们变得冷漠起来。

一方面充分地突出仁慈的思想，另一方面真正地激发儿童仁慈的观念，这双重任务虽然在儿童年龄阶段还不能完成，但是，如果我们把受到好合群的态度支持的同情感同儿童作为较高尚的事物来依赖的仁慈的信念结合在一起的话，那么我们可以有许多收获。宗教教育便有了它的基础，并继续会对儿童有所促进。

第二百一十三条

虽然一般的完美思想同仁慈的思想一样离开儿童尚远，可是开始对完美思想范围方面进行初步的工作远非是困难的。如同儿童生长发育一样，他的能力与熟练技巧也在增长，而且他也为自己的成长而感到高兴。不过在这方面有无数要重视的能力和各种程度熟练技巧的差别，特别是因为教学接着就要开始，尽管这种教学还未构成儿童这时的主要的有计划的活动，却在这方面已部分地带有综合的性质，并部分地带有分析的性质了。

第二百一十四条

当儿童自由活动的范围扩大的时候，当他通过自己的尝试获得越来越多的经验，此外还往往极需要从教育者方面得到有意识的引导的时候，经验便超过早期的想象占据优势，即使这种情况在不同的个人身上迥然不同。但是在儿童努力谋求获得新经验的过程中常常会产生各种天真的问题，他们假设教育者是无所不知者，他们的提问没有目的，而取决于一时的情绪，且如果不立即回答他们，那么这些问题就会永远不重新提出来。他们的许多问题仅仅涉及一些话语，只要对他们有疑问的事情说出合适的名称就可以加以消除的。另外有一些问题是关于事件的关系，特别是人的行为的目的，不管在这里是否指假设的人，还是指真正的人，都是没有差别的。尽管有些问题不能回答，有些问题不允许回答，但就整体而言必须使儿童爱问的倾向不断得到鼓励。否则，因为在问题之中存在着原始的兴趣，教育者在以后往往会对这种兴趣有一种难言的失落感，而用任何办法也不能再重新产生这种兴趣。儿童的提问在这里提供了机会，我们可以把解答问题同许多必须为今后教学打下基础的工作结合起来。不过回答应当及时而彻底，不应当拖延，教育者必须驾驭儿童情绪的波动，这种情绪通常是不能让人试验的，而且，往往会发生不可捉摸的起落。

第二百一十五条

只要我们对包括回答儿童问题在内的分析教学还不能安排一定的课时，就应当使这种教学同引导、交际、活动与从这里引起的习惯、锻炼、道德判断以及初期的宗教印象等结合起来，部分也应同阅读练习结合起来。

第二百一十六条

尽管儿童还不能整小时地坚持稳定的注意，但初步的综合教学、阅读、书写、计算、最容易的组合和初步的观察练习，属于这一年龄阶段后期要开始的事情。因为注意的程度比注意延续的时间更重要，所以我们必须对儿童较短时间的注意表示满意。

我们应当注意在这里所举的教学内容。数数、组合、观察属于儿童智力自然发展的活动，我们不能通过教学来创造这种智力，而只能促进这种智力的发展。因此，必须在这里尽可能充分地分析这种措施。而读与写只能通过综合教学来教（可是必须在语音分析之后进行）。

1. 组合——一般是完全没有理由忽视的——属于最容易的，而且可使其他许多学习变得容易起来的练习，对于儿童来说是真正适合的。开始时可以变换两样东西的位置，即左右、前后、上下。下一步是将三样东西在一条线上作六种摆放。从上述一堆东西中取多少对，这是最容易回答的问题之一。而这方面进展到多远，必须视情况而定。只是不要用字母，而要用实物与儿童自己来占位置，来组合和改变位置。这些工作我们必须部分地像游戏一样教。

2. 直线有助于初步的观察练习，在直线上可画垂直线或斜线（也可在不同位置插大头针，使其靠拢在一起和相互交叉，其次可用跳棋子等类似的东西），然后可对圆作多种分割与演示。

3. 计算也同样需要用直观教具来教学（如钱币），用它们来数数、作不同的摆放，以便使儿童了解和、差与积，开始时只能是小数目，例如到 12 或 20 为止。

4. 可以把字母和数字写在小纸板上，以此作不同的组合，这有助于阅读教学。假如阅读学习进行得较慢，那么我们不应当在这时忽视其余的智育，以为其余智育的基本条件仅仅是阅读似的。阅读往往需要用很大的耐心去教，我们不应让阅读造成儿童对教师与书本的反感。

5. 简单的绘画有助于书写，我们必须把这种绘画同观察练习结合起来。假如进行了书写的话，那么这将促进阅读。

第二百一十七条

但在这方面也有某些儿童会落后的。开始他们由于对学习不感兴趣的情绪而对学习变得生疏，后来便产生缺乏学习能力的感觉。在无数学校中总有一些儿童试图努力向前和一批儿童试图随大流，在这样的地方我们往往可以取得成效，但多半是通过让学生相互模仿，而不是由于他们内在思想的一致性。在这样的学校中也还有一些令人深深感到烦恼的后进生。

第三章　少年年龄期的教育

第二百一十八条

接近早期童年时期的少年年龄期的界限划分（只要这种界限是可以确定的话）是以这样的一些特征为根据的：如果少年被允许离开成人，他是乐意离开的，同时他不再像儿童那样独自一人时会感到不安，而是相信自己充分了解他附近的经验范围，并能从这一范围出发看到无限远处。因为少年还不知道腼腆（这种腼腆是小青年进入成人圈子所具有的一种现象），所以成人越要关心同他交往，限制他，给他分配时间，节制他自负的信心。因为即将成为青年的少年的界限存在于这样的特征之中：他还没有坚定的目的，成天地玩着，无忧无虑地度日子。同时他梦想有那种似乎存在于任性的力量中的男子气概。这种游玩的活动如我们不去人为地干扰的话，将保持很长时间。

即使这阶段的少年在科学上有了良好的进步，也同样还远远不能完全忽视教学同感性活动的联系。基础不应动摇。

第二百一十九条

对于这一年龄阶段来说，主要的事情是防止思想范围的提早形成。教学就是必须关心这件事情。虽然绝大部分学习，不管它的形式何等多，都是通过对话语的理解来进行的，即通过学生从早已结集起来的思想积累出发去感觉这些话语，从而进行学习的。但是，正是从这一点出发我们可以看到大量的观念大部分已相处在一起，教学只要能把这些观念带到新的形式中去即可。而这必须在学生的思想积累还较容易变动的时候就进行，因为这种积累以后会渐渐地具有较固定的形式了。

第二百二十条

正如少男和少女有所区分的那样，各种个性也是有所区别的。教学应按照各种个性，既在内容方面又在形式方面作出相应的分类。而家庭则是根据其等级利益来对教学作分类，并确定其孩子必须进行多少教学的。

从教育学上看，一方面要教学的任何课程都必须是一种适合少年的智力活动，另一方面当这种智力活动成功的时候必须适应个性的整个情况，不应使其能力枯竭，或不适时宜地对它提出要求。

但是像下列这样的一些结论是不对的：第二种课程是与第一种课程实质性地联系在一起的，第三种又与第二种，第四种又与第三种实质性地联系在一起，结果是，谁开始了第一种课程，就必须接着进行第二、第三和第四种课程。这种结论适合于学者，这些学者就其人格而言早已超越了教育学基本问题的范畴；而这种结论在对少年教学方面仅仅说明了作为各种科目前提的课程之连接，可是对教育必须赖以为基础的心理学方面却不置一词。观念群往往是分散地单独存在的，而观念群的各种对象有着极密切、极必然的联系。

因此，孤立地从各种角度出发编制广泛的、包括丰富学习内容的课程，对儿童个性是没有什么帮助的。

假如某种课程需要对某些基础知识作好必要的准备，情况就不一样了。这时如下的结论就正确了：谁不能掌握那种基础知识，谁也就不可能学好这种课程。

第二百二十一条

其次，对青少年能力的测试为采用正确的基础教学方法，同时为教师合适的、不令人讨厌的个人行为提供了前提，借此可以避免抱怨学生的无能而去纠正不正确的教学方法。

要照顾迟发展的少数学生是困难的，除非可以尝试弥补在对他们教学中所缺漏的一切（包括身体照料或引导他们进入较大的经验范围与在教学方式变换等方面的欠缺）。但是，在这些学生明显地表现出自己要不断积极努力以前，即使一开始就对他们加快教学进度也是不会有好结果的。

第二百二十二条

现在回过头来谈谈道德原则，在这里我们首先要提到正义与公平的观念。这两种观念是出于对人际关系的考虑，早期年龄阶段的儿童之所以对此不太能理解，是因为他们在家庭中各方面都处于从属地位。而少年却更多地生活在他们的同伴中。对他们的必要指点不要总是很迅速，否则会使他们没有作自我判断的时间。自愿结伴、表现个人尊严，甚至用暴力来争夺，这在少年圈子中并不少见。从教育方面而言，此时需要对他们讲解概念，此外还需要对他们进行管理与训育。但是，教学也要从另一方面体现管理与训育的类似做法，使学生不带偏见地进行观察。这种教学必须通过讲解诗歌与历史来进行。

第二百二十三条

从另一角度考虑也要转向历史。在前面已讲到（见第五十六至六十一条）仁慈的思想引出了宗教教育的必要性，这种教育有赖于历史，而且是古代史。这里要求在空间与时间上扩展观念范围，即使这种扩展是非常不完全的，却为任何一种教学，甚至乡村学校的教学，指明了一般必须达到的一个目标。

第二百二十四条

同样不可动摇地确定的第二点就是计算，其重要性甚至超过阅读与书写。计算一方面有助于清楚地理解极一般的经验的概念，另一方面在经济上必须用到它。

第二百二十五条

十进制的计算，学生极有可能自己想得出来，而《圣经》历史，完全可以肯定没有学生能自己想得出来。这两者必须首先作为综合教学来看待。在这种教学中无论如何应考虑到一定要使其对学生现存观念群（见第二十九条）产生影响的困难性。虽然我们在此不应得出结论，说整个历史应同《圣经》史结合在一起，整个数学应同计算结合在一起（见第六十七条），因而在教育学上也如此论证，但是，不管怎么样，这一点是肯定的：观念群的作用是随着观念群的扩展与多种多样的联合而增长的。因此，只要情况与学生的能力许可，《圣经》史和计算必须如愿地用来进一步丰富历史与数学的教学，即使在不能指望达到多方面教育的地方也如此。

第二百二十六条

其次，在选择教学的内容方面可以考虑诗歌与自然，但同时我们必须非常谨慎地防止超越必要的顺序。寓言与故事，如格勒特的著名寓言与故事，需要有时间来讲解，我们不应当太早地使少年失去对于寓言和故事的兴趣爱好。就动物学而言，在儿童年龄阶段的教学与画册结合起来是最容易的。适合少年的最容易的植物学教学首先是收集植物标本。假如没有什么特殊情况要在某些场合突出外语教学的话，那么外语可以放在最后一位来教。至于古典语言，因为神学、法学、医学，甚至整个学习内容的课程都是紧紧地与这种古典语言黏合在一起的，因此古典语言必须始终构成学术性学校的教学基础。

此外，教学范围显然在很大程度上取决于水平与能力的外部关系，因此我们不能确定地规定一般教学内容。教学的任务始终是要在规定的范围内靠拢多方面的教育，但多方面兴趣的发展远非取决于教学内容。在非常有利的情况下，当教学辅助手段非常丰富时，关键在于不要忘记教学的真正目的。

第二百二十七条

不但必要而且有用的教学往往由于某种不当的方式而使少年受到压抑，虽然人们力图借学生的学习水平来掩盖这种方式的不当，但在其他地方却会明显地反映出来，诸如少年的勇气、决心、机智、特点、体育和智慧创造因此而大大地受到损害。课时不多的体操对此将不可能是彻底的解救办法。最好的弥补办法在于避免让儿童养成游手好闲的恶习。之所以如此，是因为这样便可使儿童的注意力特别集中，并且教师可以按照对这种注意力的观察结果来确定各种措施，而从另一方面看，家庭教育也必须在对付良好的教学同样自然会造成的压抑方面起合作作用。学校教育必须为家庭教育留出必要的时间。从后一点看，虽然在迫不得已的情况下特别强调要求家庭教育能使少年有充分的事可做，但是，家庭作业通常不应占据大量的时间，而恰恰相反只能占据极少量的可能时间。其余的时间如何用，对于这个问题，家长与监护人必须按照对个性的观察来作决定，并且对结果负责。

第四章　青年年龄期的教育

第二百二十八条

此时教学是否可以结束或者应继续下去，这就是说，教学能够起到的一切作用，现在基于青年人自己对于维持学习与继续学习的重视程度。一方面知识的内在联系，另一方面知识同行为的联系，两者必然极清楚地呈现在我们的眼前，如果关键仅仅在于对付惰性或者轻率，那么是可以利用青年人想要达到曾经预定了的目标的强烈动力的。但是，另一方面现在恰恰应担心与避免他们产生错误的动机，这类动机只能扭曲他们天赋的表现。

第二百二十九条

此外，我们曾经给儿童与少年以宽恕，但对青年将停止采用这种态度。青年人的全部干练将受到注意，他在社交中的地位取决于其干练程度。他肯定会感到在成人中获得尊重是困难的。有人会对他所获得的不相称的地位提出异议。他受到对手的包围，受到期望的激发，这种期望常常是难以节制而恰恰是极其必要的。

第二百三十条

现在假如青年相信情况有利而不顾一切地要求去追求他的舒适，那么教育就到了终点，我们只能用这样的教导与启示来结束这种教育了，即指出：未来的经验可能会提醒青年回想起这种教育来。

第二百三十一条

而假如青年人心目中有某一目标的话，那么他所追求的生活方式和推动他的动机将决定我们还能为他做什么。他所养成的荣誉观处于行为计划与准则中间，并各按其倾向趋于外向或内向。

第二百三十二条

只有在他由于自己的失误而感到羞耻的情况下，他还能顺从我们。我们必须利用这种情况来给他进行补习。此外有义务坦率地告诫他对自己提出严格的道德要求。我们此时几乎不再能期待他完全开诚布公了，至少无法要求他这样做。青年年龄期的沉默寡言是自我克制的自然起点。

第三编

论教育学的特殊分支

第一部分　对于特殊教学内容教学的教育学分析

第一章　关于宗教教学

第二百三十三条

宗教教学的内涵必须由神学家来确定，而哲学必须证明，没有任何知识能够超过宗教信仰的可靠性。至于教育学关系方面，既可以对宗教教学的开始，又可以对宗教教学的结束提出一些看法来。

坚信礼以及紧接着准予圣餐这两件事标志着宗教教学的结束或至少是宗教教学的顶峰。坚信礼是一种特殊的教派所具有的，而圣餐则是所有基督教徒普遍的联谊活动。伴随着第一次圣餐出现的心灵深处的活动，将产生这样一种感觉：在克服与各种具有其他信仰的人产生分歧的感情上获得了胜利，特别是因为严肃的道德追求的一般条件是与允许给予圣餐结合在一起的。这也就是说，如果具有其他信仰的人允许参加这种仪式的话，他们已被假定完成了这种条件。因为宗教教学不得不明确地说明各种教派的不同学说，而既然基督教倾向也属于重要的信仰观点可以作改变的教派，对于某些人来说属于一种难以遵守而更有必要记住的义务，所以启蒙性的宗教教学也就必须对学生造成较大的影响。

第二百三十四条

假如在学术教学中很早已开始希腊语的教学，那么就有可能通过柏拉图关于苏格拉底之死的对话，特别是通过《批评》和《辩护》两篇，来强化基督教学说的印象。在关于基督教团体的教学使学生感到其全部威力之前，必须首先使他们对基督教学说获得较强的印象，而不是较弱的印象。

第二百三十五条

假如我们现在回过头来想想，那么关于各种教派特点的那种宗教教学是以一般基督教为前提的，而对于一般基督教来说又是以包括《旧约全书》的《圣经》史为前提的。但是，试问：《圣经》史本身是否还有一些什么要作为其基础的呢？

第二百三十六条

宗教不可能自圆其说地仅仅作为历史的和过去的，但还在继续下去的东西。教师当然必须恰当地利用眼前自然界的例证。这方面已需要一些自然知识并具有智慧与力量，但这还不是第一位的。

第二百三十七条

纯洁的家庭感情是容易产生的，并毫无疑问地会升华为父母乃尊长的观念。只有在缺乏这种感情的地方，我们才可借助教堂与礼拜节作为培养恭顺与感激之情的明确象征。一种无处不在的爱、关心和监督使学生形成了对上帝的初步概念，这种概念一开始局限于儿童的认识水平，而且只能是逐渐扩大与提高的。

第二百三十八条

但在学生了解那种对古代的神话般想象之前，就必须使不庄重的杂念得到净化与提高，并使学生牢牢地铭记这一点。这样，这种想象就会通过那种明显神话般的和原始的事物同庄严崇高的事物之对照而产生正确的影响。这方面在适当的教学中是没有什么困难的，但会出现由学生个性造成的其他困难。

第二百三十九条

有些人对太多地谈论罪过无法忍受，因为这样他们或者会担心过失被别人知道，或者会产生巨大的恐惧；而另外有些人，他们只能为极强烈的措辞所震惊；还有些人，他们鼓吹自己在反对世界的罪恶，以值得自豪的信心面对着世界；也有些苦思冥想者，他们没有听说过斯宾诺莎学说，他们自行把合法的视为合理的、上帝准允的，从而把权力视为法的实际证明；而有些蔑视纯粹道德的人，他们则避免用祈祷来表露恶劣的行为。也许在儿童身上早已出现这样一些错误观念的种种迹象了，特别是当他们熟练地重复他们听到的说教，尤其是他们的大声祈祷受到表扬的时候。

因此必须观察宗教教学对每个学生的效果。这也是家庭教育的一项任务。

第二章　历　史

第二百四十条

担任历史课的青年教师常常犯的最普通的错误是在讲授中无意地讲得海阔天空。这恰恰不是兴趣的激发，而是将事件编织得东拉西扯。这暴露了准备得不充分，但这方面不仅需要准备，而且需要讲授预习。

第二百四十一条

假如历史首先应当纯粹像编年史（但也应当在一个固定画面中）一样编纂起来的话，那么这种编纂要求使读者对历史的横向和纵向（同步的）思考变得同样容易。值得注意的名字必须构成一定的组合与系列，而且必须使教师熟练地从各组合中提出最值得注意的名字，或从一个长长的系列中把最重要的地方汇集在较短的系列中。

第二百四十二条

其次，关于等级、宪法、机构、宗教习俗和文化阶段的用以说明事件服务的一般概念，教师不仅应当搞清楚，而且必须考虑如何向学生阐述和使他们记住。就因为如此，最初的历史教学应排斥大多数一般性的反思。主题较简单的古代历史，在对早期青年讲授中起的作用是激发新的政治兴趣。

第二百四十三条

再其次，必须考虑讲清一件错综复杂事件的困难。这方面首先要有清醒的思路，借以使所有不是有意要间隔开的各点用一条讲述线索清楚地贯穿起来。此外，还要有流畅的言辞来作为前提，如没有这方面的认真锻炼也就不可能进行出色的历史讲解。但是仅仅有流畅的言辞还不够，还必须安排间歇，否则就不能达到专心与审思的交换，就会由于前摄抑制而不能形成序列。① 因此，什么时候开始上历史课，什么时候下课，什么时候安排复习，这并非是无足轻重的。

当讲述者仅能按照次序把话一句一句讲出来时，一种完全异样的事件完整浮现在他自己的眼前，而他应当把这完整授予听众。这种完整是同平铺直叙不一样的，多种多样的兴趣使这种完整在讲述中有起有落。因此必须决定，每次讲话应当如何恰到好处地在事件承上启下处继续下去，而什么时候应当转折，以使讲话包含附带的情况。左盼右顾而不失方向，这全在于表达的力量。教师在讲授中

① 见《心理学教科书》第 141、150 页与其他各处。

有时在这里必须控制描述，在那里必须作渲染。而当他感动了听众时，他自己却不能失去镇静与周密的思考。

第二百四十四条

在一切要求中还有一个主要的要求，那就是表达应尽可能简单。近代史学家所使用的扼要而又抽象的语言对文科中学高年级学生来说也几乎是不适合的。教师必须完全避免近代小说家的那种多愁善感或诙谐。古典作家是唯一可信赖的榜样。

我们可以练习讲述希罗多德的故事，我们必须真正完全地把故事的尽可能忠实而流畅的译文背出来。这对儿童的影响将是惊人的。以后我们可以用阿利安①和李维②的著作。这些古人把他们的观点与动机借助故事主人翁之口讲出来（同时讲述者避免讲出自己的想法），这种讲述方式是应当认真模仿的，只有在学生掌握了这方面的艺术修辞本领时才可停止使用。

第二百四十五条

假如上述的初步练习（见第九十至九十三条）同基础的和实用的历史课程结合起来了，那么就必须使业已获得的本领按照各种情况与需要在实用中得到发展或限制。就这一点而言，由于出现的情况千变万化，因此不可能定出普遍适用的规则，与此同时必须注意如下一点。

一般地说，不仅仅可以借以形象地说明和演示历史内容的一切辅助手段（肖像、大楼图画、遗址的图画等）是值得采用的，而且特别是我们必须把描绘古代的地图视为非常必要的手段，必须拥有它，不要忽视展示它。同时，这种辅助手段实质上还包括一种标

① 阿利安（Arrian，约95—175年），古希腊历史学家和地理学家。——译者注
② 李维（Livius，前59—17年），古罗马历史学家。——译者注

志，如由施特拉斯用狂飙时代这个名字称呼的标志，这种标志不仅仅揭示了各国历史的同步性，而且揭示了各国之间分合交替的情况。假如我们缺少这种辅助手段，单纯地去记忆事物，那么这将浪费许多时间，并会损害良好的情绪。

其次，我们必须分析一下如下的种种教学。

第二百四十六条

1. 首先，在学生早期开始的地理教学中，只要对一个国家的讲述一结束，学生就会产生这样的问题：这个国家过去是什么样子的？因为，认为城市和其他人类杰作并不像山脉、河流和海洋一样古老，这种认识是一种正确的观念。所以，如果在讲授今日地理时不能立即停下来演示与讲解过去的地图的话，那么补充说明有关该国从前的一些情况也是很有益的。但这里我们不应卖弄讲述本领，恰恰应当避免这样做。同时，尽管问题可以追溯到时代问题，可是也应从国家方面讲起。不过应当讲一些过去民族的大迁徙与战争运动，借此使学生对平静的土地有一个活生生的观念。因此，一开始（例如讲述德国地理）对远古时代的讲解应当尽可能简短，而在把法国、英国、西班牙、意大利前后连接起来讲时，有关历史讲述就会渐渐地相互结合在一起。我们可以让学生仿佛看到离开我们遥远的历史。假如我们认为可以把地理教学分为第一和第二两个教程的话，那么对此可以作更确切的说明。在第一教程阶段讲授最一般的地理常识就可以了，例如，不久以前德国还是一个比现在更分裂的国家；曾经有一个较远的时代，那时某些城市和邻邦君主相互交战；骑士们住在一般人难以进入的高地；为了更好地整顿秩序与监督，德国被分成了十个郡；如此等等。

在第二个教程中则可以教更多的事实，可是对古代史还不能讲得太多，只有近代史可与地理适当地结合起来，除非在有古代标志存在的地方，例如意大利的遗址、英国的复合语、瑞士的特殊政治构成及其在地图上明显可见的区域分割和语言差别。

假如我们在别的一些课时中像有时被建议的那样（尽管借此只能使学生获得片断知识），想讲授各种人物的简短传记来作为对中世纪与近代历史教学的基础准备，那么这在那种历史讲述对地理作出补充之前至少是可行的。但是，这样一来挂一张年代表在墙上就显得更有必要了。同时，我们必须利用每一种机会指出年代表上的各时期，使学生至少掌握一些确定的时期。否则我们会陷入那种由零散的传记造成巨大混乱的危险。

第二百四十七条

2. 对于早期青年来说，历史教学的主要部分始终是希腊史与罗马史。先讲述一些荷马神话中的优美故事，这是符合实际的，因为历史是同民族信仰联系在一起的。但是，两条歧途是应当避免的：第一条是，为了求全而陷入详述神统记或令人厌恶的寓言之中去（这种求全是没有意思的）；第二条是，让学生背诵神话故事。只有真实的历史才应当让儿童背诵。神话是少年或成人的课程。

波斯历史也许必须像希罗多德做的那样连贯地讲述，应当以插曲的形式同亚述与埃及联系起来讲，同时希腊的讲授必须保持首位。而相反，《旧约全书》中的故事可单独地自成一条教学线索。在早期教学阶段讲述罗马历史时，应以讲述罗马的神话作为起点。

第二百四十八条

假如按古人榜样作出的详尽讲述赢得了青年人的注意，那么学生仅仅让教师讲述下去的愉快情绪还不能表明讲课对学生的印象，而必须接着作出简练的概括，按时间顺序背诵一些要点。这里应当注意下列一点：

应当依靠印象深刻的年份记住主要历史事件，以免产生混淆。只要涉及一件主要事件的联系的话，那么记住个别年份就足够了。

假如我们想增加第二、第三个年份，那么越多地把它们堆积起来，越是没有意义，因为这些年份将由于增加了记忆困难而削弱了它们的作用。在某一个国家和在同一个国家的历史教学中更应当让各个年份尽可能保持较大的时间间隔，以使后面的年份能更好地为那种与各国历史相连的同步性服务。同时在古代地理讲述方面我们也应当简洁，但必须要求确切地记住。

第二百四十九条

在详细讲述后再作一下概括，这对学生是有好处的，他可以对我们讲得较少的片断自己作出假设：这方面一定发生过许多历史课本与教师没有讲到的事件。这样可以可靠地防止获得错误的印象，即当教师仅仅扼要地讲述下去的时候（事实上以后这在某些方面是不可避免的）有可能使学生产生的印象。

第二百五十条

3. 中世纪历史不能靠语言学取得帮助，而且同今天的状况没有相似之处，因此比讲授年表和地理更清晰地讲授中世纪历史是困难的。但我们不能因此而满足于说，从中世纪历史教学中将产生一种没有兴趣单靠记忆的极大负担。应当想办法来克服困难，前提是必须认真地将伊斯兰教、教皇制度、帝制，连同封建制度介绍与讲解清楚。大多数事实，乃至卡尔大帝可以作为描写民族大迁徙的补充。接着可以开始讲授德意志历史的线索了。通过整个历史来引出这条线索以巩固同步性，这在大多数情况下将可以视为适宜的。不过对此有一些疑问。虽然奥托、亨利与霍恩施陶芬[1]以及可以插入的一切在某种程度上形成一种有联系的整体，但空位时期[2]造成了

① 奥托、亨利与霍恩施陶芬均系中世纪德意志皇帝。——译者注

② 空位时期系指1254～1273年。此时各邦割据，德意志没有皇帝，故称空位时期。——译者注

不幸的中断。尽管在讲述鲁道夫、阿尔勃莱希特、巴伐利亚的路德维希[①]时似乎情况有所好转，然而从卡尔四世到弗里特里希三世的皇帝的名字并不为讲授提供这样的联结点，因此我们完全可以选择这些名字作为那个时期全部历史的同步性编年支柱。因此，比较好的是，在讲到把巴伐利亚的路德维希皇帝逐出教会——建立伦塞选帝侯联合会，教皇如何来到阿维尼翁时就可以中断了。我们可以在这里回过头来讲述卡尔大帝，把法国、意大利，甚至英国放在前面讲，把交叉的历史讲完整，并继续下去，按年代顺序突出勃艮第[②]和瑞士，同时突出法国与英国之间交替发生的战争命运，然后停留在卡尔八世时的法国与海因利希七世时的英国问题上，以便重新充分地突出德意志历史。应当把胡斯战争作为宗教改革的先驱来看待。其他一切必须巧妙地插进去讲。有些有变化的总结可留在复习时进行。

第二百五十一条

4. 对于近代史的讲授来说，我们应当利用它所包含的时期没有像中世纪那样长的优点和它可以分为三个完全不同阶段的优点。三个阶段是：《威斯特法伦和约》以前[③]，然后是从那时起到法国革命，最后是到我们现在。我们必须细致地把这些阶段相互区分开来，首先应当按年代顺序讲述每阶段的主要历史事件，紧接着讲述各国最必要的历史。在对每个历史阶段作了这样的讲授并通过复习使学生适当地记住以后，才可以确切地进行人种学的较详细的补充讲授，这种讲授对于每一个国家将追溯到中世纪并延续到我们现

---

① 鲁道夫和阿尔勃莱希特均系德意志帝王，路德维希系德意志公国巴伐利亚国王。——译者注

② 勃艮第系西欧历史地区名，这里指中世纪的一个公国。——译者注

③《威斯特法伦和约》系 1648 年签订的和约，该和约结束了德国历史上著名的三十年战争。——译者注

在。假如复习对每一个国家来说能更完美地说明过去课上只是讲了个大概的内容，那么这种复习是没有害处的。

主要的事情是，没有一种仅仅在某种程度上对保证完美的教育有所要求的教学，能够在它对历史进行实用考察并按此进行教学之前认为可以结束了。这一点虽然主要是针对近代史而言的，因为它同目前有着直接的联系，可是中世纪历史与古代史也必须按此重新作出思考。

历史应当是人类的教师，而假如历史没有做到这一点，那么青年历史教师应当负起大部分责任。

第二百五十二条

概括得出色的、不带偏见地撰写的各门学科的发明简史、艺术简史和科学简史应当在文科中学里，特别是在高级市民中学（这种中学与大学不相衔接），作为历史教学的结束。

在整个历史教学过程中伴随着诗歌教学，这些诗歌即使并非直接选自各个时代，却与各时代有联系，即使与时代有非常大的距离，但在某种程度上可以使学生认识人类的思想所具有的自由冲动是有很大差别的。

评注：祖国历史对于每一个国家来说并非都是相同的，假如我们从这历史中取一段来向早期青年讲授的话，那么并不都是有趣的，而且由于历史同各种重大事件有着联系，因此往往是难以理解的。假如我们想及早应用历史来温暖青年的心灵，那么需要特别小心，以便恰恰在少年时代激发他们的理解力与热情。

第三章 数学与自然

第二百五十三条

数学课程设置与其他课程相比有些特殊，这纯粹是由于推迟和忽视数学教学所造成的现象。但是数学家很少有兴致切实地教儿童，这是很自然的。人们由于算术而忽视了组合与几何教学，并试图证明那种教学没有激发起数学的想象力。

最重要的是重视大小及其在什么地方出现的变化。这就是说，即使开始教学时学生还不能确定什么是多的、少的、大的、小的、近的、远的，但应当让学生在能够做到的情况下数一数、量一量、称一称，而在不能够的情况下至少估计一下大小。

特别应当注意的一方面是排列、变化和组合的数目，另一方面是那种相似平面与立体取决于相似线的平方和立方关系。

评注：关于不必要地增加早期数学教学困难的某些问题，本来应当谈一谈，但这里不是地方，因此只能简单提一下，某些困难在于语言方面，另外一些困难在于教师习惯的观念，再有一些困难在于各种要求的混杂。

(1) 即使在非常容易的分数计算方面，语言也将会成为障碍，例如应当将$\frac{2}{3}$念作三分之二，因此$\frac{2}{3}\times\frac{4}{5}$念作三分之二乘以五分之四，而不是2与4相乘并以3与5来除。人们不会想到，一个整体的第三部分包含着这个整体的概念，这概念不可能是乘数，而只能是被乘数。在这种教学中学生会纠缠不清。同样在非常神秘的词“平方根”代替平方时也会如此。假如今后还要讲方程根的话，事情将更糟。

(2) 还要谈一点的是对数的错误观点，有人似乎把数视为若干单位之和，其实不是。而数字也不是积的和。“2”并不意味着两件东西，而是意味着翻倍，不管是一或许多的翻倍都是一样的。一打椅子的概念并不是包含每一只椅子的十二个观念，而仅仅包含两个观念，即椅子的一般概念和不分开来的十二倍。同样一百人仅仅包含两个概念，即人的一般概念与不分开来的数——一百。六只脚、七匹马也一样。在这种讲话方式中用单数名词来说是不无裨益的。只要将数字概念与数目混淆，并停留在渐进数上，学生对数字的概念就意味着没有达到成熟。

（3）人们在做算术例题时会把理解题目方面的困难同计算本身混淆起来。资本、税金与时间，速度、路程与时间等是学生已经熟悉的内容，因此在我们把这些内容拿到算术练习中来以前，必须早就对它们作出解释了。那些对算术概念还感到困难的学生，我们应当为他们举一些他们熟悉的例子，以使他们能够重新产生算术思维来，而不必对此绞尽脑汁。

第二百五十四条

测量线段、角度与扇形（有些含有建筑学知识的儿童游戏也许能够引起儿童进行这种测量的兴趣），这将导致观察练习，部分是对平面，部分是对球体的观察。假如这些练习成功了，那么它们必须经常加以利用，否则将同其他练习一样会重新忘掉。每种平面图、每种地图、每种星象图都能引起应用的兴趣。

观察练习的目的是在结束平面几何教学之后能完全为三角的教学作好准备，并为在教学平面几何的同时使算术推进到二次方程式创造前提。

评注：作者对《裴斯泰洛齐的直观教学 ABC 思想》大约在四十年前写了一本小册子，并在以后常常按这本小册子来进行教学。其他某些做法在形态学的名义下作了说明。重要的是目测距离和角度的练习和将这种练习同相当容易的计算结合起来。其目的不仅是增强对感性事物的观察力，而主要是激发几何想象力，并使这种想象力同算术思维结合起来。事实上通常被耽误的而对于为学习数学所必要的准备就取决于这一点。辅助手段必须具有可感知性。我进行了各种尝试而又把它们搁于一边。对开始教学最适宜的是用硬木薄板做成的木质三角板。我们只需要 17 对全是直角三角形的，并且一边同样长的这种三角板。为了得到这种三角板，我们可以画一个圆，其半径为 4 英寸，并在圆上作几条切线和割线，形成 5°、10°、15°、20°等，一直到 85°。从中获得的某些组合是容易猜测出来的。切线分割线应当由学生作实际测量，并应当使他们注意从 45°开始的有关数字（开始时仅仅为整数与十分之一的数），在作一些复习后，学生们应当把这些背出来。在这基础上便可进行十分容易的计算。这种计算的目的是使学生对如此简单的内容能够产生持久的注意力。球形的观察要求有一种较有艺术性的工具，那就是一个球的三个能活动的大圆圈。在球面三角教学中有这样一种教具，那就好了。此外，观察练习不是代替几何甚至三角的教学，而是为这些科学打好基础，这是不言而喻的。假如轮到要教平面几何的话，那么可以把三角板放一边，感性观察应让位于几何构思。同时，算术开始提高到超过单纯的比例，超过乘方、根、对数等水平。但这时还不能在没有平方根概念下教学勾股定理。

第二百五十五条

但这里应当提一下主要的一点，也就是对数，它会造成教学困难。对对数应用的说明是颇为容易的，同样对数概念，只要它对应用来说是必要的话，也是容易讲清楚的（算术级数是与几何相一致的，但同时可以把自然数理解为一种几何级数）。不过科学地来看，对数与分数指数和负指数是联系在一起的，也是与二项式定理联系在一起的，这定理对整个正指数来说无疑只是一种容易的组合公式[①]，但在这方面恰恰最没有多大用处。

因为三角虽然就其主要定理来看不依赖于对数，但没有对数三角就没有多大用处，所以就产生了这样的问题：我们是否必须对初学者进行严格和完全的对数学说的必要而初步的科学教学？此外三角教学是否要等到对数教学成功后才能取得成效，或者在确切地认识对数基础知识前是否有可能对对数作出实际应用？

评注：对数造成的困难（无可争辩，这种困难是数学教学中最容易觉察出来的困难之一）却仅仅是过去耽误之学业造成有害后果的一种象征。假如没有忽视学生的几何想象力的培养，那么就有充分机会不仅仅使学生较深刻地记住一般计算所要求的比例概念，而且也可以及早地唤起他的函数的观念。在上述观察练习中已指出切线与割线同角有关。假如学生熟悉了这一点，就像半年的教学所期待的那样，那么我们也就可以说明正弦与余弦了。但我们不能仅仅局限于这一点上。稍晚一些，在教学平面几何时，必须强调自然数的平方与三次方，并让学生不久就背出来。紧接着，我们应当进入平方与立方差及其加法的教学，以便从中重新建立主要数值观念。其次，我们应当用同样的方法教较容易的用图表表示的数。我们可以在这方面应用木头的小圆柱体（像跳棋棋子那样），并用它塑造各种各样的形状。学生们必须说出，为了构造这样那样的形状，我们应当给他们多少个这样的圆柱体。接着，我们应当说明，根增加时，平方和三次方也增加，并使这种说明为最容易的微分计算作好准备。我们应当引导学生去观察根，假如我们有规律地按数序进行计算，那么根就越来越接近。最后当我们多次反复教了 1、10、100、1 000 等的对数和$\frac{1}{10}$、$\frac{1}{100}$等的对数后，就可以插入对数的概

① 应当注意，就这一点而言，学生早就必须完全熟悉最容易的移行与组合了。

念教学了。

第二百五十六条

在我们主要着眼于实用目的的教学中，可以通过算术级数与几何级数的比较来说明对数，然后再教如何应用。但是，即使我们借助泰勒级数和二项式定律，某些初学者对此也不可能有多少收获。问题似乎不是这些定律（连同微分计算的要素）不能讲清楚，糟糕的仅仅在于学生不容易记住许多概念。因此，每当应用的时候，初学者只能隐约记得：教师似乎为他作了证明，他曾经是理解的。是的，依靠某些帮助，他也许能够重新一步一步发现证明的过程。不过他缺乏整体概观，在应用中应当用什么样的方法来计算，这对他来说是无关紧要的。

这里谈到的关于对数问题，还要进一步提一提。只有当我们已经对对数有关的概念范围了如指掌时，才能完全认识严格证明的价值。

第二百五十七条

通过外来的辅助概念走不必要的弯路去证明，对教学是很有害的，可是这种做法还是那么时髦。

与此相反，我们应当选择通过简单的基本概念作出的证明，因为作这样的证明时，信念并不取决于我们是否全面掌握一系列基本定律这种困难条件。

（比如泰勒定律可以从插入的公式引出，但这公式可以从微分观察中引出，对此除了加法、减法和对数的排列知识以外，其他什么都不必要。）

第二百五十八条

整个数学教学的教育价值主要取决于教学对学生的整个思维与

知识范围影响有多深。这首先使我们想到，我们应当要求学生发挥主动性，而不是单纯地讲授。数学作业是必要的，但必须使学生知道人们通过数学能解决多少问题。有时候应当布置书面的数学论文，不过作业必须相当容易，不要强迫学生接受太多的作业，作业量应以学生能轻松地完成为宜。纯数学已能够吸引某些学生，特别是当把几何与计算恰当地结合起来的时候。但当应用的内容赢得了学生兴趣时，应用数学的作用就更有把握些。这一点必须从别的方法方面加以考虑。

可是，数学练习不能将学生太长久地限制在一个狭小的范围中，讲授必须向前推进。如果关键纯粹在于激发起学生主动性的话，那么很容易在基础知识方面没完没了地向他们布置大堆大堆的作业，而学生对其增长着的熟练技巧感到高兴，甚至会津津乐道于自己的小发明，而对科学的重大方面得不到任何概念。许多作业雷同于滑稽的念头，这些念头在适当场合是应受欢迎的，但不能占据工作的时间。学生在不断进步中自己能够理解某些东西，我们不应当仅仅为了献技而在这些东西上停留不前。假如要把数学与技术知识结合起来的话，那么自然常识比单纯练习例子就更显得无比重要，更适合于数学了。

第二百五十九条

少年儿童已经能够看动物画册，然后分析他们收集起来的植物了。假如他们很早就习惯于这样做，那么他们很容易在一定引导下自己继续下去。以后，我们将教他们注意矿物的外部特征。（动物学教学由于性知识的关系，不那么有把握是否可以继续下去。）

第二百六十条

与教他们注意矿物外部特征相联系的是必须使他们多多注意外部自然界，注意随着季节而变化的一切，并注意人类的交际。

其中一方面包括注意天体——太阳与月亮在什么地方升起，月亮如何改变光亮，北极星位于什么地方，较明亮的星星和最耀眼的星座在什么样的曲线上运行。

另一方面包括技术知识，这些知识一部分可以通过自己观察获得，一部分可以在自然课上获得。我们不仅仅应当从所谓物质兴趣方面来看技术。技术是自然观念与人类目的之间的重要环节。每个青少年应当学习使用木匠最常用的工具，应当像使用直尺与圆规一样出色。使用机械的技巧往往比体操练习有用。前者有助于智力发展，后者对身体有利。市民学校包括厂校，厂校恰恰不必是工商学校。每个人都应学习手的使用。在人超过动物这一点上，除了语言外，手有它的光荣地位。

地理吸收了那种自然知识，这一点下面将继续探讨。

第二百六十一条

通俗的天文学依靠对天体的观察。这种天文学有助于检查数学想象力是否得到了应用的激发。

第二百六十二条

静力学与力学的基础知识可以作为物理学入门知识来教授，物理学是同化学中最容易的部分联系在一起的。在开始讲授物理以前，早就必须通过某些能吸引注意力的事物旁敲侧击地提到了（其中包括展示闹钟、碾磨机、最熟悉的气压现象、电动玩具与磁力玩具等等）。在市民学校中，至少要为今后进一步教学的需要而讲一讲矿井与机器。这同样适用于生理学基本概念的讲解。

第二百六十三条

只要开始讲新的内容，那么指出要严格背出来的一些要点，这是很重要的。其次，学生必须进行确切的描述练习。如果有可能的话，那么还可以通过对实物的观察来纠正这些描述中的问题。

只要学生表现出观察中的轻率态度，就必须对这种态度进行严厉批评。否则标本收集与实验就没有什么裨益。同时，我们也不要太随意地向学生展示什么，而常常必须预先指出，学生应当注意什么方面。出色的描述、铜版画和实物观察这三者常常可以恰当地衔接起来。

第四章 地 理

第二百六十四条

在地理方面至少可以分为两种教程，第一种紧扣对邻近环境的分析（地区概貌），第二种可以从哥伦布开始。因为第二种教程可以直接从出色的教科书中取得材料，所以在这里仅谈谈第一种教程。

评注：假如我们为了使学生能更好地理解地球的概念而让学生看月球，并有机会的话让学生用望远镜来观察月球，那么通常的那种从哥伦布开始的教学是无可指摘的。但假定我们这样开始了教学，那么用学生对一只很大很大的球产生的脆弱的、动摇不定的想象来代替让他们直接观察的做法始终是错误的。同样，从葡萄牙与西班牙开始教学也是不恰当的。学生与教师眼下所处的地方是应当作为出发点和扩展思维视野的一点。假如感性观察本身是教学的出发点的话，就决不许超越这种观察。

第二百六十五条

地理是一门综合科学，应当利用机会促使某些不应分散的知识联系起来。首先，这并不是要使地理中的数学部分（这部分将在通俗天文学中得到补充和找到应用的兴趣）去形成数学与历史之间

（在第二教程中）的联系环节，而是指在地理的基本概念方面，地理教学可以依靠观察练习来进行，并借以确定在初步应用地图中出现的三角形。假如我们强调要学生注意的各点已使他们进行了一些练习，那么确定三角形并不是始终必不可少的（对于第一种教程来说，通过长度与宽度来作出这种确定同样是没有意义的，这仿佛像一位在德国或法国的旅行者突然想起要根据其所处位置的经度与纬度关系来对他想逗留的地方编制一张地图一样）。自然地理有时以自然知识为教学前提，有时使人产生丰富自然知识的动机。政治地理表明人如何住在地球表面与如何利用地球表面的方式。把这一切联系起来是地理教学的教育学使命。

第二百六十六条

教师应当类似一位进行了旅行的人那样作熟练的讲述。地理讲述应当依靠对相对地理位置的确定（一方面通过要地的分类，另一方面在分类时通过三角坐标来确定要地），做到像历史教学一样无可争议（在历史教学中年代顺序应与故事讲述一致起来）。讲述应给人以一个清楚的面貌，为此在地理空间中把一些固定点作为观测点是必要的，但这些点不应很分散，而是应当通过地图上的线条联系起来。

第二百六十七条

在一分钟或一小时中讲出多少陌生名字，这并非是无关紧要的。同样，学生是在理解了地图所提供的画面前还是后讲出这些名字，这也不是无关紧要的。问题首先取决于：每一张刚刚拿给学生看的地图应当作为一个国家的地图来介绍，其中包括三条或至多四条河流的名字、一些山脉的名字，作全面介绍是不适时宜的。教师讲出一些名字将会引起学生在地图上确定引人注目的各点的位置，其中部分是在一国中间，部分接近一国边界。

我们应当强调这些点，然后把各点联系起来（例如借助黑板，用目测先将各点分别画上去，然后恰当地联系起来，比如在各河流发源与入口之间可用一条线连接起来，以表示河流流程）。假定学生在外部自然界已作过应有的观察，特别注意到了江河与溪流的坡度，即某一地带的倾斜度（否则我们首先应让学生作补充观察），那么此时也许可以让学生描述旅行者在一个国家可以看到些什么样的景象。此后就到了比较完全地指出河流和山脉名字的时候，但同时应立即让学生在此处多次重复这些名字。通过这一点我们可以了解，我们是否把外国名字搞得音节太长了，这种不谨慎的做法往往会使地理教学毫无成效或变得困难重重。如果有自然奇观的话，应作详细描述。然后再讲一些最重要的城市，说明居民数。与此相关的又是要求确定相对的地理位置。在这里学生的主动性是不可忽视的。最后就可以联系一个国家的产品来讲解人类辛勤创造的一切，顺便可以讲一些关于学生能够理解的国家机构问题。省份的名字通常安排在第一教程之外来讲。

第二百六十八条

在多次指定要复习的情况下必须越来越要求达到这样的效果：学生对每个名字都能标出它的地点，没有一个名字仅停留在一套话语上，因此教学次序常常必须倒过来，必须让学生熟悉一切方向与角度之后再去熟悉地图。同时应当按照学生的个性作安排，对于有些学生来说只要求他们掌握最不可缺少的知识，而对另外一些学生来说应当要求他们掌握更多的知识，以便使他们作出应有的努力。

第二百六十九条

在我们比较重视的其他课程中，地理往往是被学生完全忽视的，有时甚至教师也忽视它。这是应受极严厉指责的。我们可以在很大程度上限制地理教学，这在第一教程中甚至是必要的，但我们不允许低估地理教学。对于某些人来说，地理教学是使他们觉悟的第一门课，使他们能够按要求进行学习的一门课。在一切课程中，地理教学与其他课程必须结合起来，并必须牢牢地保持联系。没有地理教学，一切就会动摇：历史事件将缺少发生的地点与空间；天然物产将缺少产地；通俗天文学（必须用它来阻止某些狂想!）将缺少整个支撑；几何想象缺少了一种最重要的动力。假如我们就这样让部分知识分裂开来，那么整个教育将会由于这种教学而陷入危险之中。

第五章　德语的教学

第二百七十条

假如我们适当地考虑到学习语言的各种区别的话，那么对于语言教学将不会有多少争议之处。

最普通的区别是理解与说的区别。当有规律的教学开始的时候，理解与说这两者之间的差距是客观存在的。这种差距时大时小。个性与儿童早期环境决定了这种差距。

第二百七十一条

儿童首先听到语言、接受语言和模仿说话。语言有的是有修养的，有的是粗鲁的；儿童或者认真地听，或者粗略地听，有的用较好的器官来模仿，有的只有用较差的器官来模仿。儿童在这方面有些说错的成分，假如有教养的人天天举例并要求儿童说得正确，这样，儿童便自己会渐渐纠正说错了的话。但是，有时这要几年时间。

第二百七十二条

深深地存在于个性之中的另一种情况是对通过语言来发表意见的不同需要。由于这种需要，每一个人可以通过单纯的模仿来提高自己的语言水平，而改进语言必须从语言表达的思想出发。在青年年龄阶段这种改进语言的方式往往变得很明显。

第二百七十三条

可能有人会产生这样的看法，似乎根本就没有必要特地去上德语课，至少不单纯地为了学语言而去上德语课，因为一方面有教养的教师可以通过纯粹的例子和有时候对学生作出完全必要的纠正来对他们的语言发展产生影响，另一方面由教师渐渐推进的教育肯定也会对学生的语言能力产生影响。一般地说，这种影响是完全能依靠学生个人的特殊能力来实现的。

在这里应当提一下第一点的有关问题，有教养的教师很长时间不能为无教养的学生完完全全地理解，而且，如果教师讲的任何生僻的语词都要求学生理解的话，教学常常要受耽误。而这还不是问题的一切。

第二百七十四条

语言也应当读与写。在这方面，语言本身成了学生观察的对象，并使那些不能确切地认识它的人陷入困境。因此我们首先要以读过或写过的语句为例进行分析，并指出，假如有时个别语句同其他语句混淆，有时错误地选择了变格变位的符号的话，那么这些语句将会如何丧失其意义，或者改变其意义。

接着必须指出句子的组合，逐步地上升到较复杂的复合句（特别是借助各种各样连词组成的复合句），这是众所周知的语言教学前提。

第二百七十五条

假如在读与写方面的困难对所有学生都一样大，那么帮助他们克服困难的语言教学的措施与范围也统统是一样的。

不过在这里可以采用差别很大的教学措施。据此，在有许多学生同时上课的情况下，我们将尝试把语言内容同其他教材结合起来。分析教学可以在同一堂课上对一些人教授语言，而对另一些人则教授完全不同的学科领域的知识。而且与此相联系，可以布置极不相同的书面作业。

第二百七十六条

同样，通过朗读与口头复述的练习我们在同一种课上也将采取多种措施，但不可把所有学生都引导到同样的教育上，在这里首先必须承认个性的力量。

第二百七十七条

在少年与青年年龄的后阶段，德语课一方面用来说明出色范文中诗歌与语言艺术的不同形式，另一方面用来让学生完成书面作文。假如范文选得越完美，越适合于学生业已达到的教育阶段，并且越注意避免强求他们去接受与他们格格不入的口味，那么效果就越好。所有书面练习中最棘手的是书信风格的练习。任何手把手的训练在这里是有害的。假如书面练习是以一定的丰富的思想积累为基础，而这种思想积累足以进行各种形式的写作的话，那么进行书面练习是极好的。然后可以让许多学生对同样的练习进行竞赛，借以要求更多学生一起参加更正练习中错误的工作。

第六章　希腊语与拉丁语

第二百七十八条

众所周知，只有通过德语同拉丁语与希腊语的比较才能清楚地说明语法上的差异与某些习惯用法，由于这些差异和习惯用法，语言才变得富有表现力。即使我们不能确定德语课是否应当作为文科中学的普通教程，但我们在对 8 岁少年的教学中可以尝试利用这种比较的好处进行德语教学。有些少年在学习拉丁语变格变位时并不费力就能达到一定深度，以至于其不久就能够将各种短句从德语译成拉丁语和从拉丁语译成德语。

第二百七十九条

在进行这样一种教学尝试时许多学生很快会产生各种语言困难，以至于有些人会冒出这样的看法：仅仅为了一些附带好处的缘故似乎不必进行这种尝试，所以在这时我们不再将这样的试验性教学继续下去。此外，随着一个十年又一个十年的过去，语言课程与各种科学以及与时代需要之间的关系变得越来越显而易见了，而这种关系是我们自宗教改革以来未曾重视过的。现在只有当天才与谋求完满学术知识的严肃意图结合在一起时，古代语的作品才值得一学。

评注：1. 我们常常可以听到这样的主张：古代语言是衡量现代语进步还是走下坡路的一种牢靠的尺度，同时，必须借鉴古典作品来判断范文写作风格是否清新优美。诸如此类的主张无可否认是正确的，是极重要的。不过这种主张并不是教育学的主张。它表明究竟什么是应当给学生的，而不表明什么对年轻人的教育是必需的。而大多数为成为政府官员作准备的年轻人可以不去注意语言与写作风格，而是必须对语言运用自如，掌握适合于工作范围的那种写作风格。那种更高层次的考虑属于作家的事情，但没有人在被教育成为作家。

2. 下面的意见也是众所周知的：假如晚一些开始古代语教学的话，那么困难也许会少一些，学习的可能性也会大些。但与此相反的是，古代语教学开始得越迟，青少年的思想范围越趋向于封闭。记忆的事物必须早点出现，特别是当对这些事物的充分利用取决于必须达到的熟练程度的时候。因此，我们必须早点开始古代语教学，以便学生能够慢慢地，在没有受非教育学强制的情况下前进。每周四课时的拉丁语教学对一般较活泼的少年儿童来说没有什么害处，只要除此之外其他活动就教育学来看能正确地得到安排的话。先教现代语，这似乎意味着本末倒置。可是用法语与英语来称呼日常生活中出现的一些事物是有益的。由于发音上的缘故，这是合适的，但个别词句还构不成语言教学。

第二百八十条

有些人把古代语视为必要或适合的教学内容，却又不顾及教育学方面的原因，在这种情况下，如何来教古代语，对此我在这里没有什么可说的，甚至必须承认，根本就没有什么教育学手段可借以使那些只对现代有兴趣的人通过直接接受教育来掌握古代作品的内容。

第二百八十一条

就教育学来看，学生对古代产生较生动的想象的程度的不同，将古代与其他知识的主要内容在内心中联系起来的程度的不同以及排除在学期间烦恼的有害影响的程度的不同等，这一切决定着获得知识的价值的大小。假如让学生在没有古代语和没有青年人所具有的获得印象的力量的情况下达到对古代的想象，那么在前几章提到的、规定各高级市民中学教学活动采用的教学内容是无可指摘的了，而古代语的课程，即使我们常常称这种课程的附带好处是何等大，却将是文科中学的一种必然的弊病。

第二百八十二条

但是，单单就语言本身而言，对于少年儿童来说根本形成不了对时代与人类的概貌。语言对他们来说仅仅是教师用来加重他们负担的一种学习任务。不管是金色的格言还是寓言和短小的故事对此也无济于事。这些格言、寓言与故事即使适合于青年人，也不足以克服因必须记住词干、熟悉变格变位和应用连词作为长句中的引导词等作业中的困难而造成他们的反感。

古代史（见第二百四十三和二百四十六条）是古代语按教育学要求进行教学的唯一可能的支柱。

第二百八十三条

假如我们要从拉丁文开始教学，那么虽然奥特洛批斯和科内利乌斯·内波斯[①]提供的作品可以在作了与德语相联系的最容易的准备（见第二百七十七条）以后加以采用（只要教师采纳在讲述时让学生想象古代的方法，那么这种作品的采用也不是完全可以指摘的）。不过我们了解上述作家作品的枯燥性，但我们还始终找不到一条从他们作品出发继续下去的适宜途径。

第二百八十四条

为什么优先选择荷马的《奥德赛》用于早期教学，其原因是众所周知的。假如每个人能始终考虑到教学应当激发的各种主要兴趣

---

① 科内利乌斯·内波斯（Cornelius Nepos，约前100—前25年），古罗马历史学家。——译者注

（见第八十三至九十四条），专心致志地来通读《奥德赛》的话，那么就会发现这种原因的。但是，这里不仅仅关系到直接效果问题，而且还进而涉及继续进行下去的教学的出发点问题。我们只有通过荷马的故事来使学生确立对古希腊的兴趣，除此以外便不能为古代史的教学作出更好的准备工作了。我们在这里同时可以为鉴赏力的培养和语言课程打好基础。

由于这种直截了当地从各种教学的主要目的得出来的并与只要照搬过来的意见（传统的拉丁文运动）相对立的原因，语言学家也许有朝一日将必须听到（即使他们不愿意听）在历史和自然科学教学增加以及对教材兴趣爆发出来的情况下，像希伯来语现在已受到压缩那样，希腊语也将在学校中受到压缩（在几十年以前几乎到了允许不想学神学的学生不念希腊语的地步）。

虽然《奥德赛》并非具有什么魔力，可以使根本不能成功或者不能认真进行的语言教学获得生机，然而从多年经验来看，在一定的教学效果方面，《奥德赛》超过我们所能选择的其他古代作品。《奥德赛》不排斥较早开始进行拉丁语的教学（如果需要甚至也不排斥希腊语的教学）。只是拉丁语不能像习惯做法那样迅速开始教学，并教下去。因为《奥德赛》每天要求有一课时的时间，此外还有语法与查辞典的教学工作。

经验告诉我们，关于变格与变位的语法基础知识尽管局限于最必要的一些方面，但首先必须认真地研究一番。同样《奥德赛》开始之初每一课应当限制在很少几节诗行上，并在最初几个月不应要求严格地背诵单词。而到以后恰恰是单词学习将成为必须严格要求学生做的最必要的附带作业。学生将从中获得大部分词汇。语言形式就是借助词汇而得到与其本身有关的，并使之变得重要起来的内容的。教师必须非常确切地知道，什么时候是要快快讲下去，什么时候相反得重新停下来，因为任何可以觉察到的技巧的提高都往往会诱使学生产生一些松懈情绪，而这种情绪是必须立即排除的。假如要读完整本《奥德赛》(这对好学生来说是可以顺利做到的，因为接近最后时学生的阅读技巧提高得非常快)，那么时间安排必须不超过两年以上，否则一方面会产生疲倦，另一方面会耽误别的教学。在学校里正确的做法是给一个年级（一般由10岁或11岁学生组成的年级）分配学前四个章节，以便之后让下一个年级开始学第五章节。每个年级可以教学多少章节，这不需要作详细规定，因为缺漏的部分可以通过福斯[1]的译本来加以补充。假如我们较仔细地看《奥德赛》的话，那么立即会明白上述那种划分的原因了。一些章节可以由受过训练的学生以后自己阅读，可是他们必须通过考查后才允许这样做。但是没有必要在此时详尽地讲解荷马语言较少见的一些特点。反正我们以后还要回过头来再讲荷马作品的（如《伊利亚特》）。谁被困难吓倒，谁就应当想到采取任何别的途径同样是要克服很大困难的。我们应当防止那些使好奇的吸引力削弱的阿拉伯童话与类似故事的副作用。

第二百八十五条

只有两位诗人、两位历史学家和两位思想家需要提出作为继续进行教学的内容。他们是荷马和维吉尔[2]、希罗多德和恺撒[3]、柏拉图和西塞罗，至于谁的作品放在前或推后或紧接着教，这可以视情况而定。色诺芬、李维、欧里庇得斯、索福克勒斯、贺拉茨[4]等始终可以保持仅次于上述六位的位置。特别是贺拉茨提供了短小的思想格言，教育者决不允许低估这些格言在以后将起的作用。通过先教荷马的作品，维吉尔和希罗多德的就变得容易了，这是显而易见的，而另一方面，我们如同要使青年人重新学习实用方面的历史

① 福斯（Y. H. Voss，1751—1826），德国诗人。——译者注
② 维吉尔（Virgil，前70—前15），古罗马诗人。——译者注
③ 恺撒（Cäsar，约前100或前102—前44），古罗马政治家和作家。——译者注
④ 贺拉茨（Horaz，前65—前18），古罗马诗人。——译者注

（见第二百五十条）一样，应当让他们回过头来再学荷马的《伊利亚诗》（为了让他们了解神话）。其次，因为我们并不需要一下子对付章节结构的一切困难，所以可以让学生在学习散文家作品前学习诗人作品来减少学习古代语句句法形式的困难，这种困难比变位和单词造成的困难还要大得多。值得希望的至少是应从《伊尼阿歌》（诚然完全读完它是困难的，因为很不容易像在获得了技巧之后读《奥德赛》的以后几章节那样快地读完它）吸取拉丁词汇，就像从《奥德赛》中吸取希腊语词汇那样。恺撒的《高卢战记》必须作非常仔细的研究，因为《高卢战记》更接近我们首先希望青年人掌握的那种写作风格。在学习了这一切之后，那么作为一件主要工作来严格系统地教和要求背诵拉丁文的章法（附带选出来的简短例子）便恰到好处了。就柏拉图来说，《理想国》的几卷（特别是第一、第二、第四和第八卷）是值得教学的要点。几乎不需要一提的是，开始向青年人介绍西塞罗时，必须从他光辉的一面入手，即将他作为演说家介绍。以后，他的哲学著作将变得重要起来，不过许多场合需要对内容作进一步分析。教师应多次地大声朗读或更多地讲解西塞罗的作品。这位演说家的作品要求用生动的声音来读，学生一般地、单调地朗读它是不能令人满意的。至于塔西佗，可以根据教学的需要来对他的作品作出不同的评价。一般地说，写作风格这样言简意赅的作家肯定不仅受到讲解教师的欢迎，而且受到敏感的学生的格外欢迎。西塞罗的情况相反，我们必须轻松地读他的作品，对他作出评价。

第二百八十六条

关于古代语的书写可以对青年提出多少要求，这个问题早就由经验告诉了我们。我们将永远找不到一种方法，能够更早地促进学生在出色的拉丁文写作风格中表现出来的智力成熟程度。只要文科中学的学生并非较严格地被挑选出来的，那么多数学生就拉丁文写作来看只会是有始无终的。较好的做法是，常常练习已经掌握了的东西，即在课堂上依靠教师的帮助和按同学们的共同考虑来练习写作。这样做的优点是保证了在练习中不使学生出现许多错误，学生对错误的纠正是不太能记住的。同样的作业保证学生可以商讨，并适合于任何年龄阶段的教育。我们可以推荐学生从前面说明了的关于几位作者的一些作品中节选拉丁语片断来代替练习，一开始可以借助书本，以后应脱离书本。节选不是模仿，也不应当是模仿。西塞罗的才能属于要模仿的方面，否则我们就要担心学生变得使人寒心地矫揉造作起来。而恺撒就并不那样简单，他的写作风格不是能够简单地教与学的。但是可以让学生背出许多恺撒的作品。一开始可以是短句，然后是较长的段落，最后是整个章节。这样做的好处已由经验得到了检验。

第七章　关于进一步的说明

第二百八十七条

进一步说明教学理论的基础是各种教学内容的特性、学生的个性和道德生活的外部情况。

第二百八十八条

在把综合技术与多种形式的博学作为教学目的的地方，每一种科学就本身而言要求具有彻底性。这就是国家的观点。国家需要许多某一方面有教养的人，以便由他们组成一个整体，因此推广教育，而且为此建立教育机构。国家除了考虑将来雇用外，不过问获得教育的是何许人了。

第二百八十九条

按照教育学的观点应当使每个人被培养成为他所能够成为的最出色的人，而这种观点可以为家庭所接受，家庭寄希望于属于它的成员。家庭应当洞察这种区别，因此不关心个别学科成绩的高低，而关心个人能够达到的整体教育水平。

第二百九十条

与此相联系的是兴趣与熟练技巧之间的区别。某些熟练技巧是可以强制学生达到的，但假如学生缺乏兴趣的话，获得这些熟练技巧对整个教育没有什么裨益。

鉴于这种区别，应当拒绝有些人对于早期教学有欠缺的成绩提出的某些不恰当的指责与某些自负的教训之词。假如学生能这样那样地早一点达到熟练的程度（有人这样认为），那么他们将会获得更大进步。然而，假如学生没有兴趣，而且不可能在他们身上激发起兴趣来，那么强制他们掌握熟练技巧，不仅仅因为这会导致乏味的活动而变得毫无意义，而且因为这会破坏情绪而变得有害。

第二百九十一条

个性是否能够不受伤害地忍受熟练技巧训练必须采取的那种强制，这是一个在没有实验情况下有时还不能断定的问题。阅读、算术与语法是大家熟悉的例子。

第二百九十二条

教学越完善就会给我们越多的机会对同时受教学的人所具有的优缺点进行比较。这不仅对于继续进行教学很重要，而且对训育也很重要，因为我们可以借此更深刻地洞察训育必须对付的各种缺点所产生的原因。

第二百九十三条

道德生活可以同宇宙观联系起来考察，也可以在非常狭窄的思想范围中加以探讨。虽然教学范围往往受外界生活状况的限制，可是教学范围决不应当比那些对于共同生活所必要的生活经验的范围更狭小，而应在各方面更广阔。否则学生总将遇到危险，将过分重视他自己和同他接近的人。

第二百九十四条

使思想范围向过去伸展，一般比向现代领域伸展困难。因此在对女性教学和对国民学校低年级的教学中应多讲地理及其有关内容，而少教历史。在对教学作必要压缩的情况下不能回避去考虑这种区别。相反，当教学应当达到更大范围时，必须教历史，由于教历史困难，因此必须更加细心。

第二部分　关于学生的错误及其处理

第一章　关于一般错误的区别

第二百九十五条

学生的一些缺点存在于个性之中，另一些则是随着时间推移产生的；而在个性的作用下，从前一种缺点中又产生更多的一些缺点，而从后一种中产生得少一些（关于学生犯的错误，暂时不作探讨）。

随着年龄的增长，学生个性的缺点部分将扩大，部分将变小。

因为，在人从经验中吸取的认识、自由升华的观念以及趋向稳定的观念群这三者之间存在的关系是不断变化着的。同时人对客观事物的复制也在变化。人对自身（自觉性的原始支点）的观念不仅同他的需要，而且同他的机动性与适应性一起总是贯穿在这种变化中的。其次，类似的观念增加着，对事物的各种观念接近着一般概念。另外，判断过程不断地加工着所提供的材料，从而对人如何分析与整理其知识的方式产生越来越大的影响：一方面对自己主张的信心在增长，另一方面仍然存在没有把握的各种问题，这些问题将听凭未来作出回答，而部分将热切地期待立即得到回答。

人的机体对于这一切具有抑制与促进的作用。因为一方面有一种生理反抗对此产生影响，另一方面有各种感情在产生影响，这些感情的错综复杂性无疑比一般经验所能说明的要大得多。

第二百九十六条

人虽然经历其命运的许多变化，但仍可从我们在其青年时期就发现的个性特点中重新认识他们。这一事实是我们常常不由自主地想到的。在个性特点中将反映出他们如何无意识地接受并加工不同印象的特殊方式方法方面的某些共性。这种共性是教育者应当尽可能早地观察的，以便正确地对他的学生作出判断。

有一些学生始终知道钟点的意义，钟鸣提醒他们做什么，他们总是关心下一步，并对他们的知识范围有一种同样的概观。另外有些学生则专心于思考、希望和担忧，专心于他们的意图与计划。他们像生活在过去或未来，不愿受现在的干扰。假如他们要回到现实的话，就需要花时间与精力。在前面两类学生中间还有另一类学生，他们虽然重视现状与现实，但并不为了如它存在的那样接受它，而是为了使他们的目光掠过它，以便探知在它后面可能隐藏着什么，或者为了接触它、移开它、破坏它，也许甚至歪曲它、开玩笑和作漫画。对于某些人来说，这种追求仅仅是轻率的，他们仅仅是玩耍与打趣而已，这是青年人恶作剧的习惯表现。于是有这样的问题：在游戏背后有什么样认真的目的？在活跃的表面现象中有多少深刻思考？在这方面学生的气质起着作用。当欢乐的游戏过去以后，而不愉快情绪外露时，像常常会发生的那样，将面临由戏谑变成认真起来的危险。而同时自信也会混杂到这种认真起来的态度中，这种自信的方式是因人而异的，有的学生相信自己的力量（身心两方面的力量），有的学生知道自己的弱点。因此两者或者有条件地，或者无条件地在以后采取狡猾诡谲的做法；或者多一点，或者少一点承认他人胜过自己的能力与威信。他们在游戏中表现出来的巨大热情总的说来很少是认真的，但也许表明了他们的敏感性与无拘无束的倾向。他们在游戏中的聪明表现是一种标志，表明他们能够理解对方的观点并能够看透对方可能采取何种方案的能力。对游戏的兴趣比懒惰或没有好奇心和不认真更受教育者的欢迎。假如学生有时由于游戏而忘了功课，耽误了时间，这属于轻微的错误；假如挥霍浪费、利欲熏心或隐瞒真情和糟糕的社交混杂在一起，那就更糟，太糟了。在这种情况下教育者必须坚决采取措施。

第二百九十七条

因为勇气与审慎会随着年龄而增长，所以单纯软弱的缺点要求有一种使人坚强起来的生活方式（使身心都坚强起来）来加以纠正，个别的张皇失措要求加以劝告与责备。虽然如此，这些缺点也是有希望纠正的。软弱的性格一般不是重大的缺点，在持续的细心照料下，这些缺点改正起来将比我们凭初步印象猜想的要迅速得多。

第二百九十八条

不稳定、持续的不安心，在身体健康和没有外来刺激的情况下，是态度暧昧的标志。我们应当注意这方面的思想联系。当主要思想在不稳定与不安心交替中仍然是牢固的，并具有出色的约束力的时候，这种不安是没有危险的。比较糟糕的是出现相反的情况，特别是当血管系统表现出异常敏感，并且同时出现做梦般的专心的时候。从长远看，这方面存在着发狂的危险。

依靠一定的活动，特别是依靠仔细观察外部世界所必需的活动来严格控制这种不安，要求严守时间的纪律和作出规定的成绩，但有利于学生出于自身爱好进行的活动，乃是适当的处理办法。

第二百九十九条

好色与暴躁常常随着年龄的增长而严重起来，对此必须有严密的监督、严肃的责备和相当严格的道德原则！可是对于暂时的情绪冲动，如果并不企图持久固执地实现的话，应当以宽容来加以处理，即作为应当加以注意与警惕的毛病来对待。

第三百条

以上提到的缺点大多数是表面的。另外有一些缺点必须借教学的机会加以观察。

我们可以发现心情忧郁的学生，他们从来不能从自己思想积累的某一点出发解决问题，在回答我们借以想提高他们观念的简单问题时，在他们头脑中会产生一种必须克服的阻力，他们陷入了窘境。有时他们尝试通过简单的回答“我不知道”来摆脱这种窘境。我们只有通过严格要求才能使他们稍微开动开动脑筋。直到较大岁数时，如迫不得已的话，他们才适从小范围中的一些练习。另外有些学生，我们可把他们称为拘束的（不是一般意义上的狭隘），因为虽然他们能够模仿，但仅仅在很小范围内。他们表现出积极致力于学习，但他们的学习是机械的。凡无法机械地学习的东西，他们就不能正确地理解，如果要作判断的话，他们就会判断错。这样他们一开始便缺乏勇气，以后便变得固执起来。此外，还可以发现这样那样的一些学生，他们的观念是不屈不挠的。对于后面两种学生，我们必须作进一步的探讨。

第三百零一条

在各种不同的观念群（见第二十九条）中间必须有一些始终不渝地起支配作用，而其余的则必须交替地有生有灭。但是，如果过早地形成而且巩固这种关系，那么就不再可能把已处于支配地位的观念群抑制到那种对于接受教学赋予的新知识所必要的程度。由此说明这样一点经验：聪明的学生在具有接受教学的最佳意志的状态下，有时仍然显得非常不敏感，而且，在以后成人年龄阶段似乎并不出乎意外会产生的固执，不适时宜地在少年年龄阶段就出现了。但我们不应当被迷惑，用诸如坚定与毅力这样的褒义词来庇护这种局限性，同样在这里也不应当把笨拙的教学及其产生可厌的学习的结果看作无关紧要而加以忽视。

我们宁可承认，通过早期的从各方面开始的教学，只要这种教学与多种不太难的和吸引人的活动结合起来的话，这样的缺点至少大部分是能够防止产生的，而这样的缺点一旦蔓延开来，教师的本领再大，工作再细致也是不能克服它们的。当我们在学生儿童年龄阶段（6 岁左右）产生忧虑的情况下怕问题出自他们太狭隘的视野的时候，这时正是可以尝试激发他们，特别是通过尽可能扩大他们的经验范围来激发他们的恰当时刻。

第三百零二条

相反，对于某些学生（甚至在青年年龄期也如此）来说，任何思想部分都不可能得到特别显著的升华。这些学生在少年时始终愿意接受每一种印象与任何思想变化。他们常常乐意闲谈，轻率地插嘴，他们是学得快，而忘得也快。

这种缺点一旦蔓延也同样妨碍教师的教学艺术与好主意的贯彻，坚定的决心也会被这种缺点所排斥。

但这种缺点或大或小，都是受儿童早期的环境影响造成的。假如这是一种散漫的环境，那么这种缺点即使在一个人具有良好素质的情况下也会危险地发展变大。可是至少有一种表面的活泼（例如与有趣的念头、俏皮的玩笑等等联系在一起表现出来）可能诱使教育者希望看到这在未来将成为天才的发展。天才甚至在不利的环境下也要通过顽强努力来表现自己。然而在他们不明显地作出这种努力之前，我们不应当考虑支持他们。

上述两种缺点虽然随着时间的推移会明显起来。但仍存在于个性之中，并且是可以减弱的，纵使不可能完全排除。

第三百零三条

非常容易对付的是学生的好高骛远，对于学生的这种精力充沛、热情奔放，明显的对付手段是给予彻底的和多方面的出色的教学，这种教学要求连贯和审慎，并能产生影响。

第三百零四条

在儿童早期年龄阶段由于管理、教学和训育，或者由于疏忽了管理、教学和训育，而产生的那些缺点，如在其出现之初就加以克服，则可能更容易些。但是随着时间的推移与儿童非常迅速的进步，克服这种缺点的难度也会增加。一般地说应当记住，当我们在忽视早期教育的情况下采取较好的处理办法，以至于使那些属于六七岁儿童的问题显示出一些迟来的迹象时，我们就有理由感到有了纠正上述缺点的希望。

第二章　关于不道德行为的根源

第三百零五条

本章将探讨下列五个重点：

1. 儿童意志的方向；
2. 审美判断及其缺陷；
3. 准则的形成；
4. 各种准则的统一；
5. 统一准则的应用。

第三百零六条

1. 凡不给训育安排活动与分配时间的时候，我们总是会看到儿童有一种忘记他们自己过去意愿的不确定活动的出现。从中产生一种与任何常规格格不入的随心所欲，反复争吵着，有时要获得什么，有时要表现自己。每个人要做第一，故意曲解公平，相互对立的意志潜伏着，并伺机爆发出来。这就是种种狂热的根源。那些具有较强情欲的学生在某种程度上可以归入这里要说明的情况中（狂热所造成的破坏将在下面各点中探讨）。

第三百零七条

2. 虽然教育通常不仅仅通过鞭策与限制，而且也通过指出种种得体的榜样来对付惰性与粗野，通过引导学生思考“别人可能会说什么?”这个问题，使他们如同在别人的一面镜子里一样了解自己行为的利害关系。但是假如这些别人或者不得不保持缄默，或者学生把握了他们的偏见，或者他们判断的错误暴露出来了，那么与其说学生的审美判断在这里会被激发起来，不如说将会被歪曲。

然而指出别人（这些别人尽可能不仅仅是特定的个人）的判断总比期待学生自由地决定自己是否应作出判断要好得多。在大多数情况下等待他们作出判断将是徒劳的。审美的对象对于一般人来说，当然也包括对于被允许自由活动的少年儿童来说，或者会离得太近，或者会离得太远，这就意味着，审美对象或者还没有被排斥在他们好恶的范围之外，或者已经在视野中消失掉了。在这两种情况下都不可能出现审美判断，至少在他们能够进行审美判断之前，已销声匿迹了。

（为了作出道德赖以为基础的审美判断，必须让学生在没有自己意志冲动下观察别人意志的现象。虽然这些现象中包含着各种关系，这些关系的各个成分本身就是意志，观察者应当一视同仁地对这些成分加以比较，直到自己不知不觉对此产生评价，但是要求观察者具有理解它们的敏锐性与沉着性，而这两者是没有受过教育的儿童所不具备的。因此我们可以得出结论：有必要进行训育，而且是进行认真的，但不是严厉的训育。必须对粗野进行约束，必须使学生经常保持注意。然后还应当充分地向他们明确说明意志的那些现象。而即使如此，学生的判断往往仍然会产生得很迟，因此我们必须用别的和高一点层次的名称来称这种判断行为。）

第三百零八条

当外界得体的榜样在学生实际观念中一个超过另一个或超过其他所有的榜样时，我们不应当忽视审美判断会有片面性的可能。

第三百零九条

3. 假如各种欲望顽强地并带着激动的情绪变化来表现自己（这里可用狂热这个名字来称之），那么它将获得有益和有害的经验。在有益的情况下，学生会想到在未来多次表达这种欲望；在有害的情况下，则会想到不断避免这种欲望。于是就产生生活规则与决心，而普遍地来遵循这种规则与决心，这就叫作准则。

虽然在真正的遵循与纯粹的决心之间还存在着很大区别，但是对规则（这些规则在个人看来，在同样情况下对己与对人都是正确的）提出的普遍性的要求，与其说产生于审美判断的教导中，不如说产生于欲望过程中，这种欲望看到了类似的实现可能，而这种审美判断很难从各种情况下正确地找到其普遍性（难到甚至由于寻找普遍性而使审美判断本身也丧失殆尽）。

第三百一十条

道德的判断赞赏那种对整个被承认了的、由接受了的准则确定下来的义务所采取的一丝不苟和忠实服从的态度。因此道德判断以正确地认识意志的价值为前提。而这种认识只能存在于对意志的整个审美判断之中。然而按照上述的情况，我们可以看到错误或不确切的准则会出现。这些准则包括荣誉观、谦虚的义务、可笑的羞怯。

第三百一十一条

4. 准则应当形成一个整体，然而在学生的青年时期，仔细分析的话，他们的准则不是完全确定不变的，更不用说准确地统一成为一个确定的整体了。

凡准则总会保留一些例外，这种保留须通过经验来作进一步检验。

欲望与舒适的准则是与审美判断中产生的准则永远格格不入的。因此它们中间会产生错误的隶属关系，或者审美判断中产生的准则被欲望与舒适的准则污染。

第三百一十二条

5. 在或多或少统一在一起的准则的应用中，此时产生的意愿常常显得比过去的决心更强烈。因此我们很乐意把理论与实践区分开来。这里会产生一种道德经验主义，这种经验主义将千方百计举出虔诚的感情来为摆脱规则辩护。这里也会提出不顾准则却似乎具有另外一种生活规律的计划来。

为道德判断提供基础的审美判断越不清楚，与利用和享受的准则相对立的原则越模糊，那么对道德判断不重视的态度就越会破坏性地传播开来。

第三百一十三条

形成与统一准则的天然辅助手段就是实践哲学体系本身。不过，在青少年的教育时期，系统的讲授与青少年达到了的教育阶段之间是有很大差距的。在学生参加坚信礼以前的宗教教学促使我们对这方面进行观察。这种教学如何进行显然不是无关紧要的，不过由这种教学所积累和强化起来的观念必须在学生心目中基本上已有所表现。

假如我们要提出一种较严格的科学的准则，那么前提就在于青少年是否能评价并熟练地利用这种准则。不言而喻，在这种情况下（在与大学不相衔接的市民中学里和在各种教学中应特别考虑到），必须首先进行逻辑教学，并进行练习。

然而，在心灵中作出的道德决定浮现在眼前以前，对此是无法作出决定的。

第三百一十四条

从错误的教育学体系中人们完全可能找到理由去采取完全颠倒的措施，由于这一点至为重要，我得在这里讲两句！假如我们不是去统一准则（即在德行的观念上），而是从绝对命令的某一个公式中推导出许多准则来，从这些准则中推导出对意志的评价来（代替根本的审美判断），最后甚至想借此来控制意志本身，那么这样做就完全颠倒了。

相反，意志必须通过管理与训育（不管有意义的活动和防止个人主义的反作用属于管理还是训育），当然还得通过培养兴趣的整个教学，被引导到这样的方向中：意志应当尽可能自动地与审美判断的指示汇合在一起。第一，前面提到的恶的苗子（见第一百五十四条）根本不允许出现，因为其后果往往是无法克服的。第二，始终还是没有把握的是，我们是否能通过别人说的不正确理论（见第一百五十五条）来开辟一条通向较完美的判断的道路。但是如果这样那样的做法成功的话，那么第三，必须提出经验与历史来明确说明兴趣与狂热的准则把人推到什么样的混乱中去。第四，此后才能或多或少地进行系统讲授（也包括阅读古典作品）。第五，然而提醒学生注意道德的服从仍是必要的，我们应当通过宗教探讨来强化学生需要服从的记忆。

第三章　关于训育的作用

第三百一十五条

（一）训育防止狂热是通过：

1. 满足需要；

2. 避免造成强烈欲望的机会；

3. 关心各种活动；

4. 使学生习惯于纪律；

5. 要求学生思考并把他们引导到责任心上来。

（二）训育对情绪产生影响是通过：

1. 阻止强烈情绪发作；

2. 使学生产生别的情绪；

3. 加强自我克制。

（三）训育使学生铭记体谅同伴的态度（反对所谓的无礼）。

1. 训育借此使个人的行为趋向一致；

2. 使学生比在争吵与有口角的情况下更能无拘束地相互接触；

3. 虽然这样抑制了某些个人特性的发展，但是，如果避免过分严厉的话，更有意义的精力是不会因此而窒息的。

（四）训育使学生小心谨慎。

1. 训育可以限制冒失的尝试；

2. 训育告诫学生避免危险；

3. 训育为使学生吃一堑长一智而惩罚他们；

4. 训育监督人并使人习惯于受监督。

第三百一十六条

假如我们总结一下训育最容易产生的和明显的效果的话，就会立即得出结论：训育一般具有很大的可能性来减少学生的恶的行为，并且能够深刻地影响各种观念群的关系。然而训育也表现出一种危险：由于训育使学生表面化的恶劣行为退缩而造成他们恶劣行为的匿影藏形。

第三百一十七条

假如学生的各种匿影藏形行为相互结合起来，并采取一种熟练的行为来对付教育者，那么随着时间的推移将从中产生一种日益发展的对立的师生关系来。

这种对立关系产生的结果是众所周知的。假如教育者发现学生的匿影藏形行为，就会以毫不姑息的严厉来对付这种行为；对不加掩饰的过错可以给予大度的宽容，但为了让匿影藏形的一套行为不逃脱教育，教育者往往要采取强制的，甚至隐蔽的监督。

第三百一十八条

假如教育者经常干预监督者同隐瞒错误者的争吵，那么这将有损教育者的尊严。他不必要求什么都知道，可是他对学生的信任不应该被粗枝大叶的或持久的错觉所损害。

然而在这一点上的困难还要追溯到儿童早年的时期，当时对他们的监督还是容易的，对他们心灵的各种影响是极有把握的，当时必须打下教育的基础，而且家庭应当尽可能不忘记自己的责任。

审美判断与道德判断是可以伪装的，有些人能背诵最美的准则与原则，并披上虔诚的外衣。而假如我们揭露了这种伪君子并抵制他，那他会开始重新换个样子来玩他的把戏。除了能使他不敢妄为的严厉和在别处给他严格监督以让他不断有事可做，从而使他从其错误的藏身之地走出来以外，再也没有其他措施了。放逐有时也能促使他改正。

第三百一十九条

当社交关系的意志作为大家共同的意志出现时，这种意志就能够最直接地得到控制。在儿童早期年龄阶段，当他完全依附于母亲时，母亲可以控制他。以后，当训育对青年的交际产生影响，并在这种交际中仔细地照料善的萌芽时，训育的作用是最有把握的。社会的观念必然渐渐地通过教学的净化而产生。

第三百二十条

但是，在少年年龄阶段就会产生派别与小团体，教育者不应对这一切丧失警惕。

假如我们给一些年长的和受过考验的学生一种超过年幼的和较轻率的学生的威信，那么前者会表现出责任感来，但对后者也不要取消他们自己的所有思考，他们不可能服从前者的任何明显不合理的要求。

第四章　关于个别错误

第三百二十一条

我们首先在这里把学生犯的错误与其自身的各种缺点[①]区分开来。一个学生犯的所有错误并不都是其自身缺点的直接表现。但学生经常犯的错误可能成为固定的缺点。我们必须清楚地向学生说明这种缺点，使他铭记，只要他能理解的话。

---

① 德文中的“Fehler”一词既可当错误解，又可当缺点解，具有两种意义。——译者注

第三百二十二条

由于预料不到而受外界驱使造成的错误或违背自己认真地下定的决心而犯下的错误，往往使学生自己也感到吃惊。在这种情况下，怎样进行教育，将视这种错误与学生已感觉到的惊恐相比的严重程度而定。

一系列轻微的过失、越轨行为，甚至损坏行为都是一些需要教育者很有耐心处置的行为。然而，假如我们通过对这些过失的生硬处置打击了学生的坦率态度的话，我们便会在道德教育中遇到很大困难，因为道德教育在很大程度上取决于学生的这种坦率态度，而一旦失去了这种态度，那就很难再重新恢复过来。

第三百二十三条

但是我们必须对带有恶意的初次欺骗、初次偷窃和类似的、肯定有损于道德或健康的行为进行严厉的和持续的处置，以使那种认为可以允许这种小缺点存在的学生真正地感到畏惧与受到谴责。

第三百二十四条

同样，当学生企图对抗权威与命令时也有必要尽可能严肃地对待这种初次过失。但是，关键在于不要过高估计这种企图的有意识程度，不要发怒，而应有力地把过失指出来。

（然而，因为与不讲情面联系在一起的必要处置将更多地使人痛恨，极持久地使人受到打击，所以在教育者必须出现的场合，学生是不可能没有一点情绪的。但要是我们消除了已经采取的冷淡态度，那么就容易使学生表现出有益的情绪来。）

第三百二十五条

当已经长久地取消了管理与训育，建立了详细的规章之后，学生的那些不需要一一处置的错误会自行消失掉。尊重规章，充分地推动学生进行正常的活动是此时此刻的主要事情。

第三百二十六条

一个人自身所反映出来的缺点往往就是他希望进入的社会所采取的准则要纠正的缺点。因此关键在于我们是否能够完善他的意见，使他的意见上升到对人际关系的更高一层的认识，从而使他有可能抛弃引以为荣的虚有其表。

第三百二十七条

较年长的学生确实有的缺点往往不是孤立的。这些缺点也很少完全显露出来，而是聪明地体察着四周情况。因此，虽然我们往往能够在教育期间防止这些缺点的恶化，但在这种学生变得更聪明，觉得能隐瞒而自豪时，并在对道德价值的真正估价变得更敏感以前，我们休想彻底地纠正机灵地隐藏起来的缺点。

假如学生具有潜在的才能，而我们可以为发展这种才能安排教学的话，那么就有一些希望使年龄较大的青少年调整业已形成的习惯。否则持久地起作用的纠正措施只有在早年时期才能成功。无论如何，在应采取许多纠正措施的情况下，必须使学生长久地保持对严格训育的依赖感。

第三百二十八条

然而，我们对社会（学生相信自己属于该社会的某种等级）不能容忍的缺点所作的斗争，将会取得更大的成绩。使学生从社会最值得尊重的方面来看这个社会，这同样是重要的，就像另一方面不可避免的一样，假如学生看到在这个社会中还有他个人缺点的自由活动的余地，那么他将感到在这个社会中也没有多少高尚的东西。

第三百二十九条

这里，呈现在实际教育工作者眼前的既有青少年的可塑性，又有这种可塑性的局限性。出身与外部环境早已给青年，甚至给少年打上了其所属社会阶级的烙印。因此他们企图达到这种社会的准则，投入到这种社会的潮流中去。在他们投入这种潮流以前的彷徨中，他们从社会的高尚观念、知识和见解中吸取的东西也正同一方面由教学提供的、训育促进的，另一方面由个性（确切地说通过早期的印象）想要获得的东西一样多。只有这样一种人是少见的例外，这种人通过某种宗教的、科学的或艺术的钻研对社会的吸引力变得不敏感了。引起这种钻研的那种教学决定了他们的方向。从此他们独立地探索什么是适合的，而仅仅接受很少的一些我们向他们提供的意见。

第三百三十条

我们产生了对付各种错误的动机，或者也可以说由于这种动机我们便尝试在对付学生的过失方面使他们更进一步的努力占完全优势，而正是出于这种动机，我们必须考虑进一步确定一个人理解社会的方式（特别是进一步确定他在这个社会中是更多地注意国家，还是更多地注意家庭交际关系）。

第三部分　关于教育的举办

第一章　关于家庭教育

第三百三十一条

假如个别教育者感觉到自己力量有限的话，那么他就容易产生这样的思想：社会能够做到一切，只要社会想做并具有必要的认识的话。不过对于国家与家庭来说在教育中都有各种特殊的困难。

第三百三十二条

国家需要士兵、农民、手工业者、官员等，而且国家盛衰取决于他们的成绩。有许多人，他们的个人存在只有在各种小范围内才有意义。一般地说，国家考虑防止他们可能造成的危害比考虑直接帮助他们更多。谁作出了一点成绩，谁就会被树立起来；弱者必须退后；缺少一个人，将由另一个人补充上来。

第三百三十三条

国家考查能够考查的行为表现与知识。国家不可能了解学生的内心世界。即使是公立学校教师也不可能对学生的内心世界了解得很深，同时他们关心得更多的是由其传播的知识数量，而不是每个学生的知识细节与如何在内心加工其知识的方式。

第三百三十四条

而家庭却相反，没有外人可以代替其成员中缺少的一切。家庭可以看到并常常可以感觉到成员的内心，以致单纯了解外部表现是不能使其满足的。因此，很清楚，教育实质上始终是家庭的一项任务，而且只有从家庭出发才能利用国家举办的教育。

然而，假如我们较为深入地观察家庭生活，那么可以发现家庭生活对于有时教学所要求的、有时道德所要求的十分严格的气氛来说往往太忙碌、太抑郁，或者太嘈杂。舒适如同贫困一样对青年人都有危险。因此家庭应当尽可能更多地依靠国家。

第三百三十五条

私人教育机构本身既得不到国家的推动力，又得不到家庭的推动力，而由于它们在这里与那里代替了学校和家庭的教育，因此我们不能不对它们进行一番分析比较。

对于精力充沛的儿童来说，他们不必急于进学校，私人教育机构的教学在进度上可以比学校快，更适合个性。就训育看，私人教育机构比在某些家庭中更能避免源于社会的种种恶习。

假如这种教育机构能够在许多教师与学生中作自由的挑选，那么它们在可能的有利情况下将作出很大成绩来。然而就挑选学生的条件看，已说明这样对整个教育需要并没有什么帮助。挑选出来的学生也同样已具有各种早期的印象，他们倾向于相信他们所主张的交际关系。假如人们在挑选他们以前不了解他们个性的缺点，并不通过排斥他们来避免这些缺点，那么这些个性缺点（见第一百四十五条等）将依然存在于他们身上。

第三百三十六条

因此，我们必须尽可能地让教育回归到家庭中去。同时，在许多情况下家庭教师是不能缺少的。文科中学的成绩要求越高，就越不能缺少具有出色教学知识的家庭教师。①

还要一提的是：学术教学并不是最难的，恰恰是最容易的教学，因为这种教学重复教师所习得的东西，而很少有什么变化。因此，假如我们相信家庭教师只能代替文科中学低年级的话，那就错了。更大的困难在于，家庭教师（也包括最聪明和最能干的家庭教师）不能像学校那样安排那样多的课时，因此学生得更多地自己做功课，而恰恰是这一点比那种必须适应许多学生因而造成进度较慢的教学对有能力的儿童更有利。

第三百三十七条

但是，家庭教育的先决条件是：在家庭中要获得正确的教育学观念，不能让古怪的念头或一知半解来代替这种观念。

（尼迈尔的著作《教育与教学的对立》是每个有教养的人所能理解的，并早已广泛地流传了。）

第三百三十八条

假如教师们——不管是家庭教师还是学校教师——频繁替换，并且因此在教学和教育中出现必须弥补的不一致的话，那么上述先决条件就更有必要了。

第二章　关于学校

第三百三十九条

学校事业及其一方面同地区当局的联系，另一方面同国家政府

① 当时德国文科中学只招收受过良好家庭教育与预备学校教育的儿童入学，所以文科中学要求越高，家庭教育水平也就必须跟上去。——译者注

的联系，形成了一个庞大而困难的课题。这一事业不仅仅依赖教育学原则，而且也把巩固学到的知识、传播有用的知识、训练不可缺少的技艺作为目的。关于学术课只需讲几句就够了，因为接受了学校教师职务的年轻人同时就得履行自己的义务，而这种义务早已为他们指明了他们应当走的道路。

第三百四十条

首先他们必须了解其所任教的学校之性质。教学计划为他们指出了教学的范围、所采用的学科之比例、每种内容的不同分段。教师会议使他们清楚他们同当局、家长、保护人以及学生的关系，这种关系或多或少地会推动他们之间的全面合作。学校对大学生、中学生、小学生的整个影响作用一下子呈现在他们眼前，同时他们将熟悉学生从何而来，有什么准备，毕业后的一般去向。

第三百四十一条

假如文科中学的学生或者绝大多数将升入大学，或者绝大多数不再升入大学，那么这两种情况显然会要求学校工作有很大差别。同样，假如一所市民中学举行中学毕业考试，这种考试为市民中学规定了其普通教育准备达到什么程度的目标，或者这种中学的学生没有一定的理由按家庭的意见来上学并在毕业后离去，其次，假如基础学校或者仅仅作为文科中学的预备学校和市民中学的预备学校而工作，或者也为未来的手工业者在其整个少年年龄阶段提供适合他们的教育等，那么也同样会要求市民中学与基础学校工作有很大差别。

第三百四十二条

在任何情况下教师应当把已接受的公务活动适当地与整个教育工作的既定纲要配合起来。这一点决定了所学知识积累（这种积累必须具有广度）的衡量与分类，决定了对学生已学知识表示笃信的程度，并决定了同他们进行谈话的口气。这里关键在于应准备充分地带着有把握的态度面对学生，把注意力投向所有学生，使每个学生立即感到他不轻易地接受他们任何不重视的态度。

第三百四十三条

对学生的提问必须清楚和准确；各个问题应以适当的次序衔接起来；对学生的错误回答必须加以纠正，必要时应重复一遍，使所有学生都听到。休息时间不应很长；对能力较弱的学生所进行的讲解不应使已熟练掌握的学生感到太厌倦；那些正在从事活动的学生必须得到支持，而不应通过许多插话去干扰他们；必须对所有学生的思想特色加以鼓励与促进，而不应使思维太仓促等等。

教学是否比较容易或者比较难地适应这种要求，这取决于学生的数量和水平。

第三百四十四条

布置的作业必须尽可能地考虑到每个学生的能力，以便没有人对太高的要求感到泄气，也没有人允许自己可以草率地应付太容易的作业。

第三百四十五条

在按班级（或像平常那样）来改变学生组合时必须尽可能明确地检验出他们水平参差不齐的情况，以便要求作更好的调配，并避免班级人数太多。

第三百四十六条

在逐步进行上述工作的过程中，将会出现对学校的某些压力。比如可以发现，学校就其性质来看，假如它缺少某一门重要学科的能干的执教教师，或者如果从预备学校来的学生在知识与教育方面水平相差很大，或者如果学校（像小城市的学校那样）本来应当是市民中学，而却在上文科中学的课程，如此等等，那么它就是不完备的。

第三百四十七条

因为整个省的学校不太可能一下子建得一切都相适应，所以从对于上述各种缺点的说明中往往可以得出这样的结论：只能逐一地改进学校事业，消除最迫切要消除的困境。

第三百四十八条

但是在做广泛的改进工作时，我们将不仅容忍许多类型的学校存在，而且必须有意识地建成不同的学校类型。因为分工是在人类一切成就中达到较佳效果的途径，而在多大程度上取决于对学生的细致分类，对于这个问题，从前面的阐述中应当可以充分地认识清楚的。

附录

赫尔巴特生平及著作年表

1776 年 5 月 4 日	约翰·弗里德里希·赫尔巴特诞生于德国奥尔登堡。他父亲是当地的一名司法官，母亲是一位医生的女儿。
1788 年	进拉丁语学校二年级学习，该校于 1792 年改为文科中学。
1794 年 10 月	进耶拿大学学习。
1795 年	发表 6 篇关于哲学史的论文。
1797～1800 年	在瑞士伯尔尼的施泰格尔家当家庭教师。 1799 年在布格多夫结识裴斯泰洛齐。
1802 年	取得博士学位与教授备选资格，并成为格廷根大学私人讲师。其间发表《论裴斯泰洛齐的新作〈葛笃德怎样教育她的子女〉》《致三位太太》《裴斯泰洛齐的直观教学 ABC 思想》。
1802 年 12 月	母亲去世。
1804 年	在不来梅作题为《论评价裴斯泰洛齐教学方法的立场观点》的报告。 发表《论对世界之审美描述是教育的首要工作》《裴斯泰洛齐教学方法之批判》。
1805 年	任格廷根大学副教授。
1806 年	发表《普通教育学》《形而上学概要》《逻辑概要》。
1807 年	完成《哲学导论讲义》一书，发表《审美判断》。

1808 年	发表《一般实践哲学》。
1809～1933 年	任柯尼斯堡大学教授，接任康德教席。
1809 年	发表《论师范学校的建立》。 父亲去世。
1810 年	发表《论公众协作之下的教育》。
1811 年	与英国一商人的女儿玛丽·厥克结婚。 发表《关于音学的心理学见解》和《关于教育学的阴暗面》。
1812 年	发表《哲学导论教科书》。
1814 年	发表《论自愿服从是君主政体中真正公民意识的基本特点》，完成《心理学体系》一书。
1816 年	发表《心理学教科书》。
1818 年	发表《论学校与生活的关系》和《对班级的教育学评定》。
1822 年	发表《论数学应用于心理学的可能性与必要性》。
1824～1825 年	完成心理学的主要著作《作为科学的心理学》。
1828～1829 年	发表《一般形而上学及自然哲学入门》（两卷集）。
1831 年	发表《简明哲学百科全书》《关于心理学在教育中应用的几封信》《论唯心主义同教育学的关系》。
1833～1841 年	任格廷根大学教授和枢密顾问。
1835 年	发表《教育学讲授纲要》。
1838 年	完成《对格廷根危机的回忆》一文。
1839～1840 年	发表《心理学研究》《关于心理学的格言》《关于实践哲学的格言》《关于教育学的格言》。
1841 年	《教育学讲授纲要》再版。
1841 年	在格廷根去世。